Lb ^{56} 270

UN CRI DE LA VÉRITÉ

PARIS

IMPRIMERIE DE L. TINTERLIN ET Cᵉ

RUE NEUVE-DES-BONS-ENFANTS, 3.

UN

CRI DE LA VÉRITÉ

PAR

J.-B. BOUCHÉ, DE CLUNY

AUTEUR

DES DRUIDES, DE CHRIST ET PAPE, ET D'HÉRIE.

PARIS

MICHEL LÉVY FRÈRES, LIBRAIRES

RUE VIVIENNE, 8.

1856

PRÉFACE

Tout homme est obligé à vouloir le bien, à le chercher, à le connaître, à le proclamer et à le pratiquer. La morale est le code où sont consignées toutes les vertus humaines.

Dans cet ouvrage nous avons voulu simplement planter quelques jalons sur la voie nouvelle ouverte à notre patrie, espérant bien que d'autres plus habiles viendront qui apporteront des matériaux pour élever sur une base plus brillante, mais non moins solide, le gouvernement impérial que la France s'est si dignement donné !

Dans ce code, qui doit être le *vade mecum* des honnêtes gens et leur règle infaillible de conduite, nous faisons appel à la fraternité, nous invoquons la justice et nous esquissons les traits principaux des vertus qui sont les fondements d'un État. Que les cœurs fraternels, que les âmes justes s'unissent à nous, et nous n'aurons plus besoin de cartouches pour enchaîner dans ses égouts cette horde barbare qui, à la voix des *socialistes cosmopolites*, s'attache à ruiner tout ce qu'il y a de bon, de beau, de vrai, de noble et de saint dans le cœur du peuple. Les aveugles ouvriront les yeux, ceux que la haine rend sourds prêteront l'oreille à la vérité parlant par la bouche de l'amour fraternel, s'exhalant comme un parfum suave de toutes les consciences, et la cordialité mutuelle remplacera cette odeur de sang et d'atroces vengeances qui infecte l'air politique de notre belle France.

Assurément c'est un ignoble scandale, si l'Angleterre, notre alliée, tolère plus longtemps sur son sol et au sein de sa capitale l'excès d'audace des socialistes, que l'on dit appuyés par les tories, comme en France par les légitimistes, et en Allemagne par le parti rétrograde des adhérents du principe abrutissant de la Russie.

Heureusement pour le bonheur de l'humanité, que tous ces hommes qui marchent sous les bannières de. l'incendie, du meurtre et du vol ne forment point une secte homogène, quoique leur but unique soit de bouleverser l'Europe et de mener les hommes qu'ils enrôlent à l'immoralité par l'irréligion et à l'irréligion par l'immoralité.

Ainsi, il s'agit pour les États alliés, oui ou non, de contenir les socialistes, aidés des classes aristocratiques, ce cylindre de plomb qui roule sur un plan incliné et écrasera indistinctement tout ce qui se trouvera sur son passage si on lui laisse plus longtemps la bride sur le cou.

Je ne sais si l'Angleterre, la France et la Sardaigne se rendent bien compte de la situation des choses, mais il me semble que des mesures réciproques sont indispensables pour maintenir la tranquillité dans leurs États, et les progrès à la hauteur de la civilisation que l'on veut faire rétrograder, comme vient de le faire le roi de Prusse en donnant de nouveau à sa noblesse des droits féodaux que la révolution lui avait justement enlevés; et ces Messieurs se plaignent des excès anarchiques et sanguinaires quand le peuple se débarrasse de l'oppression des classes aristocratiques!... Que la Prusse y prenne garde, elle risque sur les bords du Rhin une seconde édition de 1848, et le plomb socialiste pourrait tout aussi bien faire entendre ses terribles sifflements sur les rives de la Sprée, à Vienne, en Italie, que sur les bords de la Tamise!...

Si, au contraire, vous vous élevez à la hauteur des circonstances, vous étouffez sans merci cette horde de brigands salariés, leurs alliés secrets crieront bien sournoisement au despotisme; mais que vous importe, vous aurez l'estime de vous-même et celle des honnêtes gens qui vous béniront, en sauvant l'Europe de la tourmente qu'on lui prépare.

Songez que des clameurs secrètes des insensés qui rêvent le retour du moyen-âge, aux fureurs sanglantes des socialistes, il n'y a qu'une imperceptible distance, et que l'Europe aurait à la fois contre elle les chefs des factions soufflant le feu, les imbéciles qu'ils endoctrinent et les extravagants furieux qui les seconderaient. Calculez les conséquences de la lutte où les nations froissées prendraient fait et cause. L'expérience nous a appris que les résultats de la guerre sont incertains, et surtout si nous considérons avec attention l'état présent des esprits en Europe.

Les tendances du socialisme qui s'infiltre sans cesse dans les masses vont droit à l'anéantissement de tout ce qui est. C'est une révolution complète dans les consciences que les Ledru-Rollin, les Mazzini, les Kossuth, les Félix Pyat, les Hugo, etc., veulent faire. De quel puissant levier ne seraient-ils pas armés quand, après avoir fanatisé les consciences des hommes simples en Angleterre, en Italie et en Allemagne, ils n'auraient plus pour soulever l'Europe qu'à crier : *Aux armes !*.....

Souverains ! qui faites et voulez le bien des peuples, réfléchissez !... mais avouez aussi que ce sera une rude besogne si l'on laisse gagner du terrain aux idées subversives des socialistes... et compagnie !...

Nous finissons cette préface. déjà trop longue, mais nous avons la conscience de n'avoir dit que des vérités; ce n'est qu'avec des vérités qu'on fonde un empire durable. La vérité ne transige point avec de faux systèmes. Elle est, ou elle n'est pas dans les plans que l'on propose : mais là où elle est, est aussi la force et la durée. N'est-elle pas? les institutions les plus péniblement élaborées craquent de toute part, l'édifice construit sur un plan vicieux vacille sur ses fondements. Vous l'étayez d'un côté, il croule par pans de muraille de l'autre et ouvre la brèche par où l'ennemi entrera.

Nous avons écrit ce petit traité politique parce que nous

sommes de l'opinion de la majorité. Nous y montrons quel est dans l'ordre moral le véritable terrain où nous devons enfoncer nos pilotis et poser nos assises. Nous nous sommes trouvés en face de beaucoup d'erreurs, nous les avons combattues à outrance. Nous croyons avoir fait acte de bon citoyen en terrassant des loups voraces et en écrasant des chenilles rongeuses; si nous nous sommes trompé, que la France nous juge.

INTRODUCTION

Pendant que le monde entier a les yeux tournés vers la Crimée, où la France grandit et reprend le rang de grande nation en combattant pour la liberté et le triomphe du progrès et de la civilisation, la démagogie s'agite, aidée par l'absolutisme. Voici l'extrait d'une lettre de Mazzini, publiée dans *le Sheffield free Press,* du 29 septembre, en date de Londres, du 22 septembre 1855 :

« Je ne crois pas à la vitalité de l'empire turc—
» mahométan en Europe. Je crois injuste, peu sage et
» impolitique de persister à faire d'un corps galvanisé
» une barrière aux empiétements d'une jeune puissance
» en voie de croissance comme la Russie. *Je ne me croi-*
» *rais nullement coupable de recevoir de l'argent de la*
» *Russie,* ni d'aucune autre puissance, pour rendre libre
» la pauvre Italie abandonnée. »

Voilà pour l'Europe un digne enseignement : le comité révolutionnaire de Londres est vendu à la Russie et à l'absolutisme européen moyennant contrat. Attibert sanctionne froidement ce fait honteux à la cour d'Angers par ces mots d'un cynisme révoltant : « *Nous ve-* » *nions attaquer la ville d'Angers comme vous êtes allés* » *attaquer Sébastopol.* » Voilà le comble de la dégradation humaine. Établir un parallèle entre notre glorieuse armée et des brigands qui s'écriaient : *Nous pouvons piller et voler à notre aise !...*

Dans une lettre de Londres, adressée à un patriote de l'Ouest, le 10 octobre 1855, Delécluse y dit : « Je ne » compte pas sur le concours de la personne que vous » me proposiez de mettre en demeure, et j'en fais mon » deuil par avance; *mais il est important de constater* » *que l'union qui nous a été demandée n'était pas sincère.* » *— Nous savons parfaitement qu'il y a des engagements* » *pris ailleurs,* et que les fusionistes du 24 février 1848 » poursuivent leur rêve.

» Veut-on, au contraire, s'unir loyalement, franche- » ment, pour renverser le tyran? nous ne demandons » pas mieux, et le dernier écrit publié à Londres en fait » foi. — Cependant nous n'avons rien à gagner à cette » union !... »

Nous voyons encore, dans l'audience de la cour d'Angers du 19 octobre 1855, Maujars, maréchal-des-logis aux Ponts-de-Cé, déclarer qu'une lettre, qui émane de M. Victor Hugo, l'ancien pair de France, disait : « L'ar- » mée française ne prendra jamais Sébastopol, étant dé » cimée par le choléra et la faim et plongée dans le plus » grand abattement !.. C'est donc le moment de frapper » le grand coup !... »

Voici encore un passage d'une lettre adressée à un patriote de l'Ouest : « Les partis royalistes nous prête-
» ront leur concours pour la bataille, non par sympathie
» *ou repentir,* mais parce qu'ils détestent Bonaparte plus
» qu'ils ne le craignent, parce que, tout en désespérant
» de nous disputer la victoire, ils se flattent de recom-
» mencer les intrigues de 1848, et de tuer une seconde
» fois la république avec les armes qu'elle leur aura
» fournies. Applaudissons-nous de cette illusion, et sa-
» chons en profiter en nous réservant de la déjouer. »

Enfin, nous lisons dans la correspondance d'un des membres de *la Marianne :* « Paris, dans ce moment,
» c'est une loge de portier, un lavoir public, la reine du
» monde et des cancans, que moi-même je propage au-
» tant qu'il m'est possible. — *Ne pouvant combattre à*
» *découvert, je me fais jésuite !..* Beaumarchais a dit :
» *Calomniez, calomniez, il en reste toujours quelque*
» *chose !...*

» Mais quand il s'agit de tuer une bête immonde qui
» se trouve sur votre route, vous ne retournez pas chez
» vous pour prendre des gants et l'arme la plus noble,
» vous lui écrasez la tête avec le talon de votre botte. »

Voilà les moyens et la morale des socialistes qui veu-lent régénérer le monde et les lois. Des principes j'arrive à l'application qu'ils rêvent d'établir sur les ruines de la société ; ils veulent :

1º Supprimer entièrement le chapitre des cultes et abolir l'Église ;

2º Anéantir toutes les lois ;

3º Dissoudre tous les corps constitués ;

4º Remplacer l'armée active par une armée révolutionnaire afin d'émanciper les peuples d'Italie et d'Allemagne ;

5º Réduire de 124 millions le chapitre de la guerre ;

6º Confisquer pour 6 milliards nets d'immeubles. En vendre pour 500 millions. Employer 200 millions pour former des villages en Afrique où seront déportés et parqués les bourgeois et le commerce qu'on aura dépouillés ;

7º Tout individu possédant plus de 50,000 fr. serait exproprié au profit du peuple (lisez des socialistes) ;

8º Toutes les voies de communications appartiendraient à la république sociale ;

9º On dresserait un inventaire dans chaque commune, où seraient déposés les produits de toute nature sous la garde du peuple (lisez des socialistes) ;

10º Les lois seraient votées par le peuple (lisez les socialistes) ; les emplois nommés par l'élection ; arrestation de tous les nobles, de tous les fonctionnaires supérieurs, de tout individu ayant plus de 100,000 fr., et leurs biens confisqués ; l'État (socialiste) ne reconnaît pas de dette publique.

Aussitôt après le triomphe de la révolution sociale, organiser la terreur, *la purge sociale;*

11º La nation serait unique propriétaire du sol et de tout ce qu'il renferme,

12º Les femmes seraient émancipées.

Ainsi le but du socialisme est de tout bouleverser. Et,

comme Attibert l'a dit : on devait voler, piller et incendier, enfin, s'en donner à cœur joie. Tout cela avait été préparé pour couvrir la France de ruines et de cendres !

A Londres, Ledru-Rollin, Mazzini et Kossuth lançaient leurs manifestes ; à Paris, dans le même moment, M de Lamartine repandait à profusion son *Histoire de César* pour approuver l'assasinat. Après avoir fait l'apologie d'un monstre tel que Robespierre, il ne manquait plus à la gloire de M. de Lamartine que de justifier Brutus d'avoir été assassin et parricide !

Voilà l'école du crime mise en relief et enseignée par l'auteur des *Girondins*, pour prouver à ses nobles amis de Londres qu'il sympathise toujours avec eux d'idées et de principes !

> Qui pourrait rester calme en voyant ce vieux barde,
> De ses doigts décharnés ratissant sa guimbarde,
> Pour en tirer des sons en l'honneur de Brutus,
> Chanter Catilina, proclamer ses vertus,
> Et refaisant l'histoire en sectaire en délire,
> Prêcher la république en haine de l'empire !
> Attendez, vous verrez le sublime histriou,
> Des Russes foudroyés se faire le champion,
> Et dans l'amphigouri de sa prose rimée,
> Flétrir nos verts lauriers moissonnés en Crimée
> Tant l'Aristogiton a le cœur puritain ;
> Mais laissons parader l'homme au masque hautain.
> Ce Crispin sans pudeur retournant sa casaque
> Attend la liberté du cheval d'un Cosaque,
> Et maudissant la France et ses brillants destins,
> Harcèle l'étranger de ses vœux assassins.
> Qu'il coiffe le turban ou chausse le cothurne,
> Il en est pour les frais de son rêve nocturne !

Ainsi le veut le ciel au nom du droit humain.
Allez, mons Lamartine, allez votre chemin.
Mais s'il est dans les cieux un droit humanitaire,
C'est celui du bon sens. Qu'il vous force à vous taire !

Puis M. Talendier persiste à faire de Pianori un héros en prêchant l'anarchie et le meurtre.

M. Félix Pyat insulte grossièrement notre noble et vertueuse alliée la reine d'Angleterre, qui lui donne l'hospitalité dans ses États.

M. Jourdain avoue que c'est un honneur et un devoir de comprendre tous les souverains dans un royal massacre.

A Jersey, l'un des foyers qui lançaient sans cesse leurs brûlots incendiaires sur notre pays, on imprimait le journal français *l'Homme*, qui insultait la France et excitait à l'assassinat. Un meeting des plus notables habitants de l'île a lieu le 13 octobre 1855, et les résolutions les plus enthousiastes, les plus unanimes sont adoptées contre le journal *l'Homme*, qui prêche le renversement de toute autorité constituée, qui attaque lâchement l'union de l'Angleterre et de la France, et la gloire des deux drapeaux, qui excite les assassins politiques et provoque honteusement au régicide. Ce meeting considère la publication d'un tel journal comme une calamité pour l'Angleterre, et l'on demande à l'unanimité et instamment l'adoption de mesures qui le suppriment.

A la suite de ces résolutions, comme au moyen-âge, le journal *l'Homme* a été brûlé séance tenante aux acclamations générales. Il ne manquait que la main du

bourreau et le lieu des exécutions publiques des criminels. Puis, à la fin de ce MEETING D'INDIGNATION, il y a
eu trois salves d'applaudissements pour la reine, trois
pour l'empereur et trois pour l'impératrice Eugénie.

Quoi, des fourbes pourront impunément prêcher l'assassinat et la préexistence de la matière, ils en feront le
commencement et la fin de toutes choses, et ils seront
écoutés; on les comparera à celui qui vint souffrir et
mourir pour le salut de tous. La doctrine de Jésus-Christ
aussi niaisement parodiée deviendra le nouvel Évangile
des peuples; et des fanatiques se voueront pour jeter
leur vie, leurs femmes, leurs enfants aux mains sacri-
léges de vils imposteurs, qui n'ont à donner en échange
que misère, ruine et désolation. Ah! périsse le sentiment de la fraternité, s'il faut qu'il serve d'égide à de
pareilles monstruosités. Détruisons nos monuments, dé-
chirons nos livres, archives du monde, de la science et
des arts; brûlons l'histoire de la justice et de la morale,
incendions les palais et les temples, renversons les cités,
ruinons l'agriculture, anéantissons le commerce et l'industrie; que six millions de têtes intelligentes pavent le
Forum moderne, et, sur ces débris sanglants, établis-
sons l'égalité du sauvage. Soit! table rase, et que le
hasard qui vous fit, vous jette au néant, qui doit vous
assimiler à sa puissance négative. Plongeons l'humanité dans ce grand fleuve d'oubli qui détruit tout, et
dans cette lutte, matière contre matière, que ceux qui
survivront soient les maîtres.

N'est-ce pas là ce que vous voulez, démons du mal?...

L'enfer ne vous souffle-t-il pas ses fureurs pour balayer le vieux monde? O fous furieux! le vieux monde, c'est vous qui l'avez fait, et, comme il vous échappe, c'est encore vous qui voulez le reconstruire à votre profit. L'humanité marche au progrès, et vous, vous jetez dans les roues de son char le bâton de vos sanglantes utopies. Vous vous dites les fils aînés et les continuateurs de Jésus-Christ, et voilà que, dans votre *Marianne*, vous embrigadez l'individu contre la masse.

Jésus-Christ dit : PLUS D'ESCLAVES!...

Et vous, vous dites : Rivons l'homme à l'homme, que tous ils ne forment qu'une chaîne, dont nous tiendrons les bouts pour les mener à notre gré!

Jésus–Christ a dit : AIMEZ-VOUS!

Et vous dites : Haïssez ceux-ci, exterminez ceux-là!..

Jésus–Christ dit : QUI SE SERT DE L'ÉPÉE PÉRIRA PAR L'ÉPÉE!..

Et vous, vous allez partout prêchant la révolte contre vos frères : ils sont riches! prenez leurs biens, car ils sont à vous plus qu'à eux. Ils possèdent par l'astuce, dépouillez–les par la violence. Ainsi le veut la justice éternelle!.. et vous rallumez ainsi le feu du fanatisme, en l'implantant aux sources de la vitalité de la nation, afin qu'il dévore l'homme et l'humanité tout à la fois. Le socialisme devient le levier de la société que vous haïssez, en attendant que, tourné contre vous-mêmes, il devienne le drapeau de la guerre civile, l'étendard du sang, teint de sang, et trônant sur le sang!..

Socialistes bicolores! voilà où vous menez, je ne dis

pas seulement la France, mais l'Europe ! oui, l'Europe ! Que nous parlez-vous de liberté? la livrée de l'esclavage est sur les vôtres !..

Que nous prônez-vous l'égalité? vos sectaires marchent à la conquête d'un nivellement injurieux !

Qu'avez-vous à faire de la fraternité? vous n'en comprenez qu'une, celle de Caïn !

Incapables de vous élever jusqu'aux hommes de cœur, jusqu'à la noblesse du sentiment de toute créature raisonnable et intelligente, vous voulez courber toutes les têtes sous votre niveau brutal et sanglant, arracher des consciences humaines l'image et le reflet de leurs célestes origines, pour leur faire des images de boue à votre ressemblance.

Troupeau servile, vous avez rêvé l'étable et la litière commune comme le *nec plus ultrà* de la perfection de l'homme-machine !

Parqueurs d'esclaves ! vous voulez confisquer la liberté pour une promesse de foin au râtelier vermoulu de votre étable sociale, comme le but unique de tous les efforts de votre esprit borné aux choses de la terre. Restez chiens courants, votre peau d'agneau couvre mal vos griffes de loup !...

Socialistes ! cessez de battre dans nos campagnes vos caisses vides comme vos cerveaux, grands saltimbanques de progrès, faites taire vos fanfares, que le bruit de vos trompettes n'étourdisse plus nos oreilles. Vous n'avez rien trouvé qu'un collier à mettre au cou du chien. Prenez le collier pour vous-mêmes si cela vous plaît. Nous n'avons qu'un court espace de temps à vivre, nous voulons courir !... vous n'avez compris que la moitié de la question humaine, et pour cette moitié l'égoïsme a été votre professeur.

Enfin, lorsqu'un règne comme celui de Napoléon III voit éclore des événements glorieux, des monuments immortels, des établissements utiles, des lois sages, des jours de bonheur, la postérité en tient registre, si les indifférents négligent de le faire ! Oui ! la postérité tiendra compte à l'Empereur de tout le bien qu'il fait à la France !...

Le 22 octobre 1855.

UN CRI DE LA VÉRITÉ

—❖❖❖—

I.

LA RÉPUBLIQUE.

DEMANDE.

Dites ce que c'est que la République?

RÉPONSE.

La République est le gouvernement de tous, pour tous et par tous.

DEMANDE.

Qu'entendez-vous par un gouvernement de tous, par tous et pour tous?

RÉPONSE.

J'entends un gouvernement non imposé par la ruse ou la violence de quelques-uns, mais librement consenti par la volonté générale légalement exprimée; et dont le but est la grandeur, la force, l'indépendance, la gloire, la prospérité morale et matérielle du pays en général et de tous les citoyens en particulier.

DEMANDE.

Y a-t-il plusieurs sortes de Républiques?

RÉPONSE.

Oui, il y a la République aristocratique et la République démocratique.

DEMANDE.

Qu'est-ce qu'une République aristocratique?

RÉPONSE.

C'est, comme le mot l'indique, et comme le soutiennent ses partisans, le gouvernement des excellents, des meilleurs.

DEMANDE.

Et une République démocratique?

RÉPONSE.

C'est celle où le peuple résume en lui-même la souveraine puissance, qu'il délègue à des représentants, ses égaux, pour constituer l'exercice légal et régulier de cette puissance souveraine.

DEMANDE.

Est-ce qu'il n'y a pas une troisième République fort vantée, et que l'on nomme *République démocratique et sociale?*

RÉPONSE.

Oui, si l'on entend par la République la guerre de

ceux qui n'ont ni sous, ni idées, ni vertus, contre ceux qui posèdent toutes ou une de ces trois choses. La République Démocratique et Sociale, n'est que la négation, *ex-professo*, de toute autorité, de tout pouvoir libre; l'anéantissement brutal de toute morale, de toute religion, de toute famille et de toute propriété légitime.

DEMANDE.

Quelle est la meilleure de ces trois Républiques?

RÉPONSE.

C'est celle que la France a adoptée pour un temps.

DEMANDE.

Mais si la République aristocratique est le gouvernement des meilleurs, pourquoi dites-vous : la République démocratique est la République par excellence?

RÉPONSE.

C'est parce qu'une véritable République étant le gouvernement de tous, par tous et pour tous, elle ne peut admettre de distinctions politiques arbitraires entre les citoyens, tous étant égaux devant elle. Du jour, cependant, où le mérite réel et la seule vertu constitueront l'unique aristocratie de la France, rien ne s'opposera à ce que la République démocratique ne puisse être nommée aristocratique, ou de tout autre nom, peu importe. Pour les honnêtes gens, l'Empire fondé par Napoléon est la meilleure des Républiques.

DEMANDE.

Qu'entendez-vous quand vous dites : Tous les citoyens sont égaux devant la République?

RÉPONSE.

J'entends que dans un gouvernement véritablement républicain, ni la naissance, ni la fortune, ni les titres, quels qu'ils soient, ne peuvent constituer le moindre privilége au profit exclusif de ceux qui en jouissent, et que tous les citoyens de cette République ont tous, sans exception, les mêmes droits et les mêmes devoirs politiques.

DEMANDE.

Définissez-nous la République démocratique et sociale?

RÉPONSE.

Non, car je suis loin d'être aussi habile que ceux qui l'ont inventée, et qui ne la définissent pas non plus, et pour cause. Je pense avec raison que le peu qu'ils en montrent pour séduire les sots n'est fondé que sur les brouillards de l'utopie.

DEMANDE.

Qu'est-ce qu'une utopie?

RÉPONSE.

C'est une chose, un lieu, un pays qui n'a jamais

existé, et n'existera jamais que dans le cerveau de celui qui l'inventa.

DEMANDE.

Quelles raisons avez-vous de croire que la République démocratique et sociale ne soit qu'une utopie?

RÉPONSE.

Parce qu'elle prêche un républicanisme nébuleux, dont la réalisation implique la destruction de tout ordre moral et matériel en dehors duquel tout est péril. Quoiqu'elle ne soit encore qu'un canevas informe sur lequel chaque chef de secte socialiste brode sa hideuse fantaisie, elle est trop évidemment empruntée aux faiseurs d'utopies, tels que Thomas Morus, Joseph Anderson, Campanella, Babeuf, Fourier, pour qu'on puisse se tromper sur sa valeur et sur le but des socialistes modernes.

DEMANDE.

Quel est ce but?

RÉPONSE.

Un communisme mystico-sociali-politique fondé sur la ruine de la morale, de la liberté, de la religion, de la famille et de la propriété légitime, seuls fondements des sociétés humaines.

Il me suffirait de citer les ouvrages des principaux

chefs de la secte socialiste, Cabet, Pierre Leroux, Considérant, Proudhon, Félix Pyat, qui n'ont fait que copier Babeuf, Campanella, Fourier, les anabaptistes et les rêveries des communistes athéniens qu'Aristophane flagellait sur le théâtre grec. Cabet a copié Morus et Anderson pour créer son Icarie, et établir dans ce paradis imaginaire son système politique, religieux et social saupoudré de quelques versets arrachés à l'Évangile. Pierre Leroux le panthéiste, qui nie l'immortalité de l'âme, a copié Campanella d'un bout à l'autre. Sa *triade* n'est qu'une imitation de celle de ce fou, qui, comme lui, voulait *encouventer* l'univers, au nom d'une trinité fantastique, et lui imposer sa loi monacale. Considérant a copié, recopié, alambiqué les balivernes d'un palfrenier, pour bâtir, à nos frais, bien entendu, des phalanstères où l'homme n'aurait plus à faire que ce qui lui conviendrait avec accompagnement de musique, manger, boire, dormir, se gaudir avec autant de femmes qu'il lui plairait sans souci des enfants qui en naîtraient, élevés et nourris au biberon communautaire ; Félix Pyat copie le Vieux de la Montagne, il prêche l'assassinat !.. Telle serait l'occupation attrayante de cette heureuse société ! Et comme moyen de réalisation immédiate de toutes ces belles choses, le citoyen Proudhon a trouvé que tous ceux qui possédaient étaient des voleurs, et que ce serait faire acte de justice et de bon citoyen, que d'aller leur reprendre, de gré ou de force, ce qu'ils avaient volé, ne possédât-on qu'une masure ou un mouton.

DEMANDE.

Est-il vrai que le *démocrate* Proudhon soutient une aussi monstrueuse doctrine ?

RÉPONSE.

Il soutient bien autre chose. Ce n'est là qu'un tout petit échantillon de sa logique socialiste. Ouvrez ses livres et vous y lirez : Dieu est un être maudit qu'il faut anéantir au plus vite comme l'auteur de tout le mal qui ronge la société : le mariage est une prostitution dégradante ; la famille un repaire obscène, immonde, et la propriété un vol.

DEMANDE.

Effectivement, j'ai lu ces turpitudes, et l'on s plaint que la presse ne soit pas libre !.. Passons sur ces égouts nauséabonds, et dites-nous sur quels fondements repose la République ?

RÉPONSE.

La République doit reposer sur :
La liberté !
L'égalité !
La fraternité !
Qui sont, comme dans la Trinité chrétienne, trois attributs distincts qui ne font qu'une seule unité : la République !

DEMANDE.

Qu'est-ce que la liberté ?

RÉPONSE.

C'est le droit inaliénable, incontestable, qu'a tout citoyen de la République de faire concourir toutes ses facultés physiques et morales au profit de son bien-être matériel, dans tout ce qui n'est pas contraire à ce droit chez autrui.

DEMANDE.

La liberté est-elle un droit antérieur à toute constitution politique et sociale ?

RÉPONSE.

Oui, car elle a sa racine dans le cœur humain par la volonté de Dieu ; sa base étant la souveraine justice, elle est le principe et la fin de toute constitution, de tout contrat à intervenir entre les hommes destinés providentiellement à vivre en société et à s'en assurer tous les bénéfices par l'accomplissement de tous les devoirs qu'elle impose.

DEMANDE.

Dans le contrat républicain, quelle est la garantie de la liberté ?

RÉPONSE.

C'est une constitution librement rédigée, discutée et consentie par le peuple, c'est-à-dire régulièrement réuni en assemblée générale, pour exposer, détailler, disserter, peser, admettre et faire exécuter, par des mandataires choisis par le peuple, la volonté de tous, sincèrement exprimée par la majorité.

DEMANDE.

La liberté est-elle absolue et illimitée?

RÉPONSE.

Oui, si elle est conforme à la loi sanctionnée par le consentement universel, c'est-à-dire par la majorité du peuple. Toute liberté agissant en dehors de cette limite voulue par la justice est licence, révolte, anarchie.

DEMANDE.

Pourquoi?

RÉPONSE.

Parce que la majorité du peuple ne peut jamais être divisée sous peine de s'anéantir.

DEMANDE.

Qu'entendez-vous par le peuple?

RÉPONSE.

J'entends l'universalité des citoyens de la République.

DEMANDE.

Les nobles, les prêtres, les généraux, les magistrats sont-ils peuple?

RÉPONSE.

Oui.

DEMANDE.

Les officiers, les soldats, les juges, les conseillers sont-ils peuple?

RÉPONSE.

Oui.

DEMANDE.

Les artistes, les hommes de lettres, les cultivateurs, sont-ils peuple?

RÉPONSE.

Oui.

DEMANDE.

Les avocats, les médecins, les notaires, les bourgeois, les fabricants, les commerçants, les boutiquiers sont-ils peuple?

RÉPONSE.

Oui.

DEMANDE.

Les journaliers, les domestiques, les maçons, les serruriers, les mécaniciens, les ébénistes, les tailleurs, les cordonniers, enfin, tous ceux qui travaillent de leurs mains sont-ils peuple?

RÉPONSE.

Oui.

DEMANDE.

Il y a donc plusieurs peuples ?

RÉPONSE.

Non. Il n'y a qu'un seul peuple composé de toutes les fractions qui prennent leur nom des états qu'elles professent, mais non divisé en fractions diverses pour former chacun un peuple à part, ainsi que voudraient le faire croire de faux républicains.

Toutes ces fractions réunies prennent les noms des professions qu'elles exercent sans que jamais ces professions puissent établir aucune différence politique entre elles, elles sont le peuple. En cette qualité elles sont toutes soumises aux mêmes devoirs, et ont toutes des droits politiques égaux par l'accomplissement des mêmes devoirs politiques. Si l'une ou l'autre de ces fractions revendique exclusivement le nom de peuple, elle est factieuse, elle brise l'unité républicaine, blesse à la fois la liberté, l'égalité et la fraternité, et se met en dehors du droit commun. C'est à la loi à l'y faire rentrer.

DEMANDE.

La majorité est donc infaillible ?

RÉPONSE.

Politiquement, oui ; sa voix est la volonté du peuple. Elle promulgue sa loi, et toute loi ainsi promulguée est obligatoire pour tous, sous peine, pour ceux qui s'y refusent, d'être justement déclarés rebelles au peuple, ennemis de la République et traîtres à la patrie.

DEMANDE.

Qu'est-ce que l'égalité ?

RÉPONSE.

C'est le sentiment de la justice en vertu duquel les citoyens d'une même République ont tous les mêmes droits par l'accomplissement des mêmes devoirs politiques.

DEMANDE.

L'égalité est-elle de droit absolu pour tous les citoyens sans exception ?

RÉPONSE.

Oui, sous peine de la perte de la République dont elle est la pierre fondamentale.

DEMANDE.

La République ne pourrait-elle pas imposer une égalité plus absolue encore; telle que d'obliger les citoyens de porter le même vêtement, de manger en commun, d'habiter des maisons semblables, d'y avoir des logements égaux, d'y vivre sous une règle uniforme, de n'y posséder qu'une quantité pareille de meubles, d'habits, d'argent ; où de transformer tous les citoyens en travailleurs égalitaires exploitant le fonds commun au profit égalisé de la masse ?

RÉPONSE.

Non, mille fois non.

DEMANDE.

Pourquoi ?

RÉPONSE.

Parce qu'alors elle ne serait plus la République, mais seulement une forme arbitraire de gouvernement plus despotique que le plus violent despotisme, et que la liberté, cet attribut inaliénable de l'être moral, y serait complètement anéantie. Loin d'être le gouvernement de tous, par tous et pour tous, ce ne serait que la violence de quelques-uns contre le plus grand nombre. Cette égalité, qui séduit tant d'aveugles et trouve tant de fourbes prédicateurs, c'est l'oppression brutale des travailleurs au profit des prêtres oisifs du socialisme, c'est le fief antique qui pousse le peuple ignorant par les chemins sanglants du pillage !

DEMANDE.

Si vous lisez attentivement les livres des communistes, vous y verrez qu'à part les difficultés inséparables d'une réforme aussi complète, aussi radicale que celle qu'ils méditent, le bonheur s'y montre si facile, si indubitablement acquis aux travailleurs, que ces derniers n'ont pas tout-à-fait tort de se laisser entraîner par un appât aussi flatteur.

RÉPONSE.

Je n'imaginerai jamais que le peuple français puisse

envier le bonheur du pourceau à l'engrais, ni celui de la bête de somme dont un valet fait la litière et qu'on caresse de la même main qui lui coupe les jarrets à coups de fouet, et toujours plus pour les services qu'on en attend que par amour pour elle.

DEMANDE.

Observez pourtant que l'égalité serait chez les communistes plus parfaite qu'ailleurs. Le niveau social pourrait y passer sans heurter une seule tête plus haute que celle de son voisin.

RÉPONSE.

Excepté celles des supérieurs, des directeurs, des inspecteurs, des contrôleurs et de tous les espions subalternes qui, sous le nom de surveillants fraternels, feraient peser leur despotisme tracassier jusque sur une bouchée de pain prise en plus ou en moins par un frère plus ou moins en appétit. Je sais bien que tous ces béats de socialistes feraient de l'obligation de se soumettre à cette égalité abrutissante la plus grande vertu républicaine, comme les trappistes font du silence la première loi de leur règle ; mais le sens commun ne me permet d'admettre d'égalité absolue que devant la loi faite et promulguée par le peuple. De même que tous les hommes sont égaux devant Dieu leur créateur ; quoique les uns soient plus grands ou plus forts, les autres plus petits ou plus faibles ; ceux-ci blancs, ceux-là noirs, jaunes ou cuivrés ; les uns bien constitués, agiles, les autres difformes, maladroits, aveugles, sourds, muets, boiteux, épileptiques ou fous ; de même, devant la loi, les grands et les petits, les forts et les faibles, les riches et les pauvres, les savants et les ignorants, les valides et les invalides sont tous égaux. Toute autre égalité est une chimère inventée par des fourbes pour tromper des imbéciles, égarer ceux qui souffrent, les lancer brutalement contre ceux qui jouissent légitimement du fruit de leur travail, ou tous ceux qui sont assez clairvoyants pour repousser les théories spoliatrices des faiseurs de paradis terrestres, où la plus belle place et les meilleurs fruits seraient pour eux.

DEMANDE.

Cabet, Proudhon, Louis Blanc, Considérant, Pierre Leroux, Félix Pyat, prétendent s'autoriser, avec raison, des paroles de Jésus-Christ contre les riches pour faire voir que l'inégalité des fortunes est une chose qui blesse la justice de Dieu et celle des hommes sincèrement dévoués au bonheur de l'humanité. En effet, nous entendons souvent, dans l'Évangile, Jésus-Christ lancer l'anathème contre les riches.

RÉPONSE.

Et plus souvent encore contre les hypocrites et les faux docteurs. Mais l'inégalité des fortunes légitimement acquises par le travail, ne blesse pas plus l'égalité devant la loi, que l'inégalité des forces ou de l'intelligence des hommes ne blesse l'égalité devant

Dieu. Envisagée sous le rapport moral, l'égalité devant la loi, comme celle devant Dieu, veut que le riche vienne au secours du pauvre, comme le fort au secours du faible. Il ne s'agit dans l'Évangile que d'une question de devoir, l'obligation morale qu'enfreignent les riches et les forts. Jésus-Christ n'attaque pas les riches parce qu'ils sont riches. Autrement, que deviendrait cette parole : « *Vous aurez toujours des pauvres parmi vous ?* » Il n'entendait donc nullement prêcher l'égalité des fortunes. Il tonnait contre les riches, parce que, trop souvent, ils font un mauvais usage de leurs richesses. Il en est de même des forts qui abusent de leurs forces. La morale veut que le pauvre et le faible soient secourus pour rétablir l'équilibre qui constitue l'égalité vraie, basée sur le sentiment de la fraternité.

L'anathème de Jésus-Christ contre les riches, s'adresse aussi justement aux forts qui abusent de leur force et ne la font pas spontanément intervenir quand on blesse la justice sous leurs yeux. Jésus-Christ maudit le mauvais riche qui oublie la fraternité, il lui fait entendre qu'il est ici-bas l'économe de Dieu auprès du pauvre.

Ni la religion, ni la morale, ni la politique ne connaissent, ni ne consacrent d'autre égalité sur la terre que celle de la mutualité des devoirs, de la fraternité entre les enfants d'un même père qui est Dieu, ni les fils d'une même mère qui est la patrie ; à savoir qu'ils doivent s'aimer et s'entr'aider les uns les autres et non se dépouiller les uns au profit des

autres, en vue d'un partage égalitaire aussi chiméri-
que qu'anti-social.

DEMANDE.

Qu'est-ce que la fraternité ?

RÉPONSE.

C'est le sentiment de l'amour réciproque qui doit
unir tous les enfants d'un même père, d'une même
patrie considérée comme la grande famille humaine.

DEMANDE.

Que veut dire le mot fraternité ?

RÉPONSE.

Fraternité veut dire : Humanité, bonté, patience,
douceur, politesse, bienveillance, libéralité, indulgence, oubli de l'injure, délicatesse, dévouement.

DEMANDE.

Pourquoi la fraternité est-elle l'humanité ?

RÉPONSE.

Parce que le spectacle des souffrances d'autrui ne
manque jamais de faire impression sur la véritable
fraternité. S'identifiant avec les infortunés, elle se
met à leur place, les plaint, sent leur misère, déplore
leur infortune, prend leur parti, les protége, les
excuse, les aide, les soutient, médite sur leurs maux,
en cherche le remède, et sacrifie son intérêt, ses passions, ses fantaisies au soulagement de ses frères.

DEMANDE.

Pourquoi fait-elle toutes ces choses ?

RÉPONSE.

Parce qu'elle est la fraternité, et qu'elle ne se contente pas de mettre son nom sur les murs, sur un drapeau, sur une affiche, au bas d'une lettre, pour ne parler qu'aux yeux et n'être qu'un vain mot, une formule banale ; c'est qu'elle se dit, dans le fond du cœur : nous sommes tous égaux devant Dieu, nous sommes tous frères, je dois aimer mon frère comme moi-même ; et si je ne fais rien pour mon frère, je ne l'aime pas, je ne suis plus la fraternité : mon frère est autant que moi sur la terre, peut-être vaut-il plus que moi et que beaucoup d'autres pour lesquels je montre de la déférence parce qu'ils sont dans la prospérité, comme s'il m'était permis de dédaigner les pauvres.

DEMANDE.

Cette fraternité si désirable, ne serait-elle pas aussi une faiblesse qui exposerait celui qui la pratiquerait à tous les piéges, à toutes les roueries des faux frères, qui ne manqueraient pas de l'exploiter ?

RÉPONSE.

La véritable fraternité, pour être expansive de sa nature, n'en est pas moins fine et avisée. On se tromperait si on la croyait niaise. Elle sait distinguer l'agneau du loup, et sa simplicité fait sa finesse, et son humanité la rend plus prudente que le serpent qui cherche à l'enlacer dans ses plis.

DEMANDE.

Pourquoi la fraternité est-elle la bonté?

RÉPONSE.

La fraternité est bonne, et l'on s'en aperçoit dans toutes les relations avec ses semblables. Par ses discours, son air, ses procédés, ses manières, sa conduite, son silence même, elle veut du bien à tous ses frères et elle leur en fait.

DEMANDE.

Mais être bon aux méchants n'est-ce pas duperie?

RÉPONSE.

Il y a, je le sais, des gens qui sont bien méchants, et qui veulent faire tomber la fraternité dans leurs filets; mais elle les connaît, et, si quelquefois vous la voyez affable avec ces gens, ce n'est qu'en vertu du sentiment de la pitié que lui inspirent tous ceux qui sont égarés et qu'elle veut ramener dans le droit chemin.

Être bons pour ceux qui le méritent, tel est le devoir qu'enseigne la fraternité; mais un homme méchant, s'il fatigue, trahit, dénigre, colomnie, maltraite de mille façons et écrase beaucoup d'hommes de sa propre méchanceté; si quelqu'un lui résiste, il l'attaque, le déchire ; et beaucoup d'autres, par crainte, applaudissent de peur qu'il ne leur en arrive autant. Cet homme est le loup qui mange la brebis : la fraternité se garde d'être bonne pour un être semblable ; elle devient audacieuse à son approche, elle l'enveloppe et le serre pour paralyser sa méchanceté, ou le terrasser, comme tous ceux qui suivent son exemple, et elle fait bien. Cette justice, toujours nécessaire, quelquefois rigoureuse, n'altère en rien sa bonté. La fraternité, ne l'oubliez pas, marche continuellement escortée de la justice.

DEMANDE.

Comment la fraternité est-elle la patience ?

RÉPONSE.

Si elle n'était pas patiente, comment approcherait-elle des buissons hérissés de ronces et d'épines ?... La patience de la fraternité nourrit la paix, évite les querelles, fait fondre les haines. Sous sa douce influence on voit éclore l'épanouissement du cœur humain fait pour aimer et pour être aimé. La patience parle à l'oreille du sage et lui dit : Les défauts que tu as, es-tu bien aise qu'on les supporte ? eh bien ! supporte les imperfections des autres. L'homme ne sera jamais parfait pour l'homme !

DEMANDE.

Expliquez comment la fraternité, c'est la douceur ?

RÉPONSE.

Oui, la fraternité est la douceur même. Le visage peut prendre un air de sévérité ou d'arrogance pour former les traits de sa physionomie : le visage peut s'embellir d'un regard doux et affable, qui dit à ceux qui approchent : Ne craignez rien ! vous êtes mon frère, et le frère de mon frère, nous marchons tous deux sous le même ciel et vers le même but, le bonheur de nos frères. Venez à mon côté, soyez mon compagnon, je vais vous accueillir de ces deux sentiments qui se peignent sur le visage ; le dernier n'est-il pas celui de la fraternité ? On le nomme la douceur.

L'homme doux a beaucoup d'amis. On le recherche, c'est lui que l'on consulte, qu'on va voir, qu'on loue, que la renommée montre au doigt comme un être bienfaisant. Républicains-socialistes, qui citez si souvent l'Évangile pour appuyer vos folles doctrines des paroles de Jésus-Christ, avez-vous oublié qu'il a dit : *Bienheureux ceux qui sont doux, car ils posséderont la terre !...* Certes, si jamais vous ne le possédez, cet objet de votre convoitise, ce n'est pas par la douceur que vous en aurez fait la conquête. La sanglante insurrection de juin et la sauvage prise d'armes d'Angers le prouvent bien.

DEMANDE.

Comment la fraternité est-elle la politesse ?

RÉPONSE.

La fraternité est polie ; ni chez elle, ni sur la place

publique, ni dans les réunions, ni à la tribune elle ne parle la menace et l'injure à la bouche. Elle se respecte et respecte les autres. Quand vous l'abordez elle vous tend cordialement la main. Quand vous la quittez vous êtes content d'elle; sa bouche n'a rien dit pour vous faire de la peine, pour vous manquer d'égards. Voici ce que vous pensez : J'ai été bien reçu, on m'estime, je suis bien aise ! j'ai parlé librement et mon discours a paru ne pas déplaire. Je reviendrai.

Ainsi, être poli, c'est être bon en dehors, c'est représenter son cœur sur sa personne, c'est l'avoir sur les lèvres.

DEMANDE.

Comment la fraternité est-elle la bienveillance?

RÉPONSE.

Si quelqu'un cherche à vous nuire, ne vous en prenez pas à la fraternité, car elle songe à vous plaire et à vous obliger. C'est en quoi consiste sa bienveillance; bienveillance de tous les jours et de tous les instants. La fraternité, c'est l'amour en action, c'est cette charité évangélique sans laquelle toutes les autres vertus ne sont rien. Les faux docteurs socialistes grimacent cette charité, ils n'en ont que le masque. Leur cœur est plein de haine, et le miel de leurs lèvres est un fiel qui excite les colères. La fraternité va au-devant du malheur d'autrui; elle a un lit pour le malade, une consolation pour l'affligé, un appui pour le faible contre le fort et le calomniateur ; mais elle n'a ni fusils ni cartouches, elle ne fond pas des balles, elle ne dresse pas des barricades pour faire battre les frères contre les frères, les enfants contre leurs pères, et les femmes contre leurs maris.

DEMANDE.

Comment la fraternité est-elle la libéralité ?

RÉPONSE.

En faisant part aux autres de ce qu'elle possède sans perdre le discernement. Elle fait attention à ne pas donner dans les piéges qu'on lui tend, à ne pas lâcher son avoir et le fruit de sa peine aux renards qui louent, ni aux vampires qui sucent, ni aux émeutiers qui prennent des fusils, ni aux langues qui maudissent, ni aux mains qui mendient contre la justice par abus ou par fraude, ni à ceux qui lui mettent le fer sur la gorge au nom des théories spoliatrices des voleurs politico-socialistes, ni à tous ceux qui promettent mille biens imaginaires, à la condition qu'on leur remettra tous les biens réels qu'on possède. La fraternité donne, mais à propos. Elle ouvre son logis, sa bourse, prête sa table pour fraterniser, pour prêcher la concorde ; mais non pour conspirer, pour allumer la haine, l'envie, la guerre civile. Si elle était avare et égoïste elle ne serait plus la fraternité ; si elle devenait follement prodigue, elle ne serait plus le soutien de ses frères ; mais elle deviendrait la ruine de la justice et de l'humanité.

DEMANDE.

Comment la fraternité est-elle aussi l'indulgence?

RÉPONSE.

Voilà comment raisonne la fraternité : nous sommes tous portés au mal. Qui sait si je n'y vais pas tomber tout à l'heure ! nos penchants bons ou mauvais, bridés par la raison ou la morale, peuvent, dans un moment d'entraînement irréfléchi, nous entraîner en dehors des limites de ce qui est bien, de ce qui est raisonnable, de ce qui est permis. Nous devons être continuellement vertueux, sans doute, nous le pouvons même si nous le voulons fortement ; mais l'esprit de l'homme ainsi que son cœur n'habitent pas une sphère inaccessible au vice ni au crime. Qu'un homme se repente, se corrige ; peu à peu la tache qu'il a sur lui s'usera et finira par disparaître. Dès qu'il n'est pas profondément gâté et corrompu, adoucissons pour lui notre rigueur de blâme, ne lui ôtons pas le courage, ne l'écrasons pas sous nos talons ; ne retirons pas notre amour à l'homme coupable, mais prenons pitié de lui, qu'il revienne au bien par le chemin du repentir et de la sagesse ; ouvrons-lui ce chemin, encourageons-le et soutenons ses pas afin qu'il se rétablisse dans toute sa dignité première.

DEMANDE.

Dites-nous comment la fraternité est la générosité,

et non cette loi de vengeance qui disait : *OEil pour œil, dent pour dent?*

RÉPONSE.

Sans la défense de soi ou de son intérêt l'attaque serait injuste, lâche, abominable; néanmoins, malgré cette loi du talion considérée comme de droit naturel dans le cas d'agression de la part d'autrui, il est de sublimes pardons d'offenses pour qui tient son ennemi désarmé, tremblant, faible, laissant tomber sa tête au-devant du coup qui doit l'anéantir; ils émanent de la générosité. C'est pourquoi la fraternité tenant le fer vengeur sur celui que sa justice poursuit, le jette tout-à-coup et embrasse son ennemi. Si plus tard il est ingrat et perfide, ce n'est plus qu'un vil scélérat; pour elle, son acte reste éternellement beau, on l'admire, elle a été grande et généreuse.

DEMANDE.

Mais, en politique, cette générosité n'est-elle point une faute? La diplomatie a dit : *Une faute en politique est pire qu'un crime?*

RÉPONSE.

La politique d'une bonne République n'a rien de commun avec le machiavélisme d'une mauvaise royauté.

DEMANDE.

Soit, mais ne serait-elle pas au moins de la faiblesse ?

RÉPONSE.

Non. La fraternité ne fait pas de ces distinctions ; et c'est en politique plus particulièrement que sa générosité est sublime.

DEMANDE.

Comment la fraternité est-elle l'oubli de l'injure ?

RÉPONSE.

Si un sentiment de justice et de dignité veut qu'on se révolte devant l'injure, la fraternité ignore la haine, et elle-même ne doit pas être éternelle. La colère a des bornes ! le souvenir de l'injure doit avoir des limites !

DEMANDE.

Que voulez-vous dire par ces mots : la fraternité c'est la délicatesse ?

RÉPONSE.

Cela veut dire qu'il y a obliger et obliger. De combien de sortes se rendent les plus petits et les plus grands services ? Douée d'une délicatesse exquise, d'un tact parfait, la fraternité fait du bien sans humilier, cache le désagrément de l'obligation à laquelle on est tenu sous de charmantes compositions de conduite et de langage, lui pétrit une jolie apparence, ainsi qu'un artiste habile fait d'un vase de porcelaine. Ses services plaisent long-temps après qu'on les a reçus, on n'en rougit jamais en y pensant.

Combien peu la fausse fraternité lui ressemble, ses bienfaits même humilient, elle les change souvent en offenses, par les reproches qu'elle en fait à ceux qui ont eu le malheur d'y recourir, et celui plus grand de les recevoir. La vanité préside à tous ses actes, l'égoïsme est son mobile, sa philanthropie une ruse, un métier.

La vraie fraternité veut que sa main gauche ignore ce que fait sa main droite. Elle n'envoie personne faire insérer en son nom dans un journal le taux de l'argent qu'elle vient de donner pour secourir une infortune réelle, encore moins y va-t-elle elle-même avec une de ces phrases pleines de fiel socialiste où des démocrates annoncent qu'ils donnent dix centimes pour les victimes de leurs propres fureurs.

La vraie fraternité est essentiellement bienfaisante ; soit qu'elle habille ceux qui sont nus, qu'elle donne à manger à ceux qui ont faim, qu'elle visite des malades ou des prisonniers ; qu'elle ait une robe ou un habit, qu'elle soit richement ou modestement vêtue, elle est simple, ne dit pas beaucoup de paroles : on ne sait pas même son nom. Partout elle a bâti de ses mains, fondé de ses deniers des asiles pour tous les besoins, pour toutes les faiblesses, pour toutes les misères, pour toutes les souffrances, même celles qui ont leur source dans l'oubli de tout frein moral et religieux, de toute dignité humaine. Peut-on douter qu'elle ne soit aussi le dévouement ? Depuis Jésus-Christ, si souvent blasphémé par les socialistes, depuis ce divin modèle du Bon Pasteur donnant sa vie pour ses brebis, jusqu'au dernier des soldats citoyens qui se fait tuer au pied d'une barricade pour sauver sa patrie, que de nobles exemples de dévouement. Eh ! qui pourrait compter tous ceux que cette noble fille du ciel a inspirés à ceux qui lui ont rendu le culte sincère qui lui est dû ?..

DEMANDE.

Une telle perfection me paraît un idéal impossible à atteindre ?

RÉPONSE.

Tant pis pour ceux que cette perfection pourrait effrayer ; ils ne seront jamais républicains. La République ne peut être une vérité qu'autant que tous les citoyens pratiqueront la fraternité sincèrement, sans arrière-pensée, et dans tous ses développements. Supprimez la fraternité, et le symbole républicain, la trinité républicaine, ses vertus, son dogme fondamental croulent et s'abîment.

La République est une religion ; elle a des principes invariables. En dehors de la foi à ces principes, par la suppression d'un seul de ses piliers naturels, la République n'est plus qu'une utopie, une véritable *pétaudière*. La liberté n'a elle-même de garantie que dans la foi aux dogmes républicains. Le républicain n'est libre qu'autant qu'il se soumet aux préceptes de la justice républicaine qui lui tracent ses devoirs et lui donnent tous ses droits. Le plus important de ces devoirs c'est la fraternité qui est la justice en action.

DEMANDE.

A ce compte, je crains qu'il n'y ait pas beaucoup de vrais républicains ?

RÉPONSE.

Mais croyez-vous qu'il y ait beaucoup de vrais chrétiens ? et cependant, vous entendez tous les jours des citoyens docteurs soutenir que la République n'est autre chose que l'application de la doctrine de l'Évangile à la société politique : sur ce point, je suis d'accord avec eux, mais je n'interprète pas du tout l'Évangile comme le grand-prêtre *démoc-soc*, et je dis que de même que le Christianisme est impossible sans la charité évangélique, de même la République est impossible sans la fraternité républicaine.

Quelle est la loi chrétienne réduite à sa plus simple expression ? Jésus-Christ nous répond : « *Aimez Dieu par dessus toutes choses, et votre prochain comme vous-même pour l'amour de Dieu! — Faites donc aux hommes tout ce que vous voulez qu'ils vous fassent, car c'est la loi et les Prophètes.* »

Maintenant, quelle est la loi républicaine si ce n'est : « Aimez la patrie par dessus toutes choses, et vos frères comme vous-même pour l'amour de la patrie?.. » N'est-ce pas là toute la République ? la fraternité est-elle autre chose que la charité, la foi agissant?.. Les socialistes citent l'Évangile, j'ai cité l'Évangile.

Pour montrer que la charité chrétienne et la fraternité républicaine ne sont qu'une même chose, je vais citer le plus parfait, le plus fervent disciple de la charité, l'apôtre Paul. Il écrit aux Galates, et il leur dit : « *Vous êtes appelés, mes frères, à un état de liberté ; ayez soin seulement que cette liberté ne vous serve pas pour vivre selon la chair ; mais assujettissez-vous les uns aux autres par une charité spirituelle. — Si vous vous mordez et vous déchirez les uns les autres, prenez garde que vous ne vous consumiez les uns les autres.* »

Quels conseils seraient mieux appropriés à des républicains ? En est-il qui puissent les valoir ; et l'analogie n'est-elle pas frappante ? L'apôtre insiste sur la charité pour en faire sentir l'importance ; dans une épître aux Corinthiens, il s'exprime ainsi en parlant de lui-même : « *Quand je parlerais toutes les langues des hommes et le langage des anges mêmes, si je n'ai pas la charité, je ne suis que comme un airain sonnant et une cymbale retentissante.* »

Et vous, citoyens polyglottes, républicains cosmopolites qui parlez le langage apocalyptique de Pierre Leroux, qui pourriez au besoin découvrir une troisième *Triade*, mettre des queues à tous nos républicains avec un œil au bout, vous tous éloquents comme Mirabeau, révolutionnaires comme Ledru-Rollin, ce *Danton-Cursor* des Arts-et-Métiers, douce-reux comme une homélie de Lagrange, cent fois plus athées que Proudhon et cent mille fois plus *démoc-soc* que Louis Blanc et Félix Pyat, vous tous qui n'avez pas la fraternité, pensez-vous être républicains ?..

Hélas, vous n'êtes que de vieilles futailles vides, comme un vain son de trompettes de banquistes !

Socialistes ! croyez-moi, toute la science, toute l'érudition, tout le talent, toute l'habileté possible à faire valoir ces précieux avantages, ne feront jamais de vous de vrais républicains ! Comme dit l'apôtre Paul, vous n'avez qu'une fraternité selon la chair; vous ne nous prêchez que de nous mordre et de nous déchirer les uns les autres au risque de nous faire consumer les uns les autres à votre profit.

Mais, diront quelques-uns : — C'est donc un despotisme dogmatique que vous voulez nous imposer en nous faisant vivre sous une République? — Les socialistes ne manifestent-ils pas la même prétention ? — Pourquoi, vous qui les attaquez si vertement, voulez-vous faire comme eux ? Vous violez la liberté !

Ai-je besoin de répondre à ces pauvres objections ? qui ne voit de suite la différence qui existe entre le despotisme de la raison éclairée du flambeau de la plus pure morale et celui tout brutal des socialistes ?

Oui, la République c'est le despotisme de la raison universelle, comme le Christianisme est le despotisme de la vérité sur l'erreur. Hors de ce despotisme de la morale et de la raison républicaine, allumé au flambeau de la justice et entretenu par le feu divin de la fraternité, il n'y a pas de salut pour les républicains. Car la République c'est la morale en action, et la morale est la mère et la sœur de toutes les vertus publiques et privées ; le principe et la source de toutes les abnégations personnelles, de tous les dévouements, de tous les sacrifices au bien général, au triomphe de la justice. L'obligation de la vertu est essentiellement despotique. On n'est jamais libre de s'y soustraire ou la nier pour s'en affranchir, qu'en rompant avec la morale et la raison, par conséquent avec la République.

DEMANDE.

Selon vous la République serait un véritable despotisme?

RÉPONSE.

Oui. La République exige impérieusement que l'on soit vertueux, sous peine de n'être qu'un mauvais citoyen et de se voir justement traiter comme tel.

DEMANDE.

Puisque la République exige impérieusement que l'on soit vertueux, nommez les vertus qui sont nécessaires à un républicain.

RÉPONSE.

Ces vertus sont au nombre de huit :
L'amour de la patrie !
Le courage !
La sincérité !
La justice !
L'orgueil !
La modestie !
La sobriété !
Le travail !

II.

L'AMOUR DE LA PATRIE,

DEMANDE.

Qu'est-ce que l'amour de la patrie?

RÉPONSE.

C'est une vertu qui fait que tous les citoyens d'un même pays, d'un même État, sont toujours prêts, en tout temps, en tous lieux et en toutes circonstances, à sacrifier leur vie, leurs intérêts, leurs opinions, leurs affections, à la prospérité ou au salut de leur pays. C'est la vertu par excellence d'un républicain. Elle est la mère de toutes les autres vertus, elle en est la source toujours vive; sans elle point de politique, point de lois civiles, morales ou religieuses; point de soumission, de dévouemeut, d'obéissance; point de nationalité, point de patrie !

Comment donner une idée exacte de cette précieuse vertu? n'est-il pas affligeant d'être obligé de classer parmi les premiers devoirs d'un citoyen, celui d'aimer sa patrie ; comme si l'amour d'un fils pour sa mère n'était pas un des plus doux sentiments, un des plus délicieux plaisirs du cœur humain ! Au milieu de ce dévergondage d'idées, de paroles et d'actes inqualifiables, comment faire une peinture assez saisissante de l'amour de la patrie pour en faire voir les véritables caractères aux esprits ignorants entraînés violemment hors de leur voie par des théories aussi stupides que cruelles ? Jamais tant d'hommes n'ont revendiqué avec plus d'acharnement le titre d'amants de la patrie, de patriotes dévoués. Et qui croirait que ce sont ceux-là mêmes qui font le plus hautement parade de leur amour de la patrie, qui l'outragent avec le plus d'impudeur ? Que dire quand on entend les sectaires de Cabet se prétendre plus patriotes que les révolutionnaires de Blanqui ! les apôtres du communisme plus que ceux du pillage leurs alliés, qui se disent les patriotes par excellence.

DEMANDE.

Quels sont ceux qui ont réellement l'amour de la patrie ?

RÉPONSE.

Ce sont ceux qui possèdent au plus haut degré l'amour de la famille, image de la patrie. Qui n'aime pas sa famille, n'aimera jamais sa patrie. Qui ne reconnaît pas saints les devoirs, et sacrées les affections de la famille, méprisera les devoirs et les affections de la grande famille, de la patrie. Il fera comme l'enfant prodigue qui demande sa part pour aller, loin du toit paternel, se livrer à tous ses mauvais penchants, ou mieux, comme Caïn, qui se révolte contre l'autorité sainte de la famille; ce sera un mauvais fils. Il doit être châtié. Tout citoyen qui rêve sa fortune personnelle au détriment de ses concitoyens, qui prêche la guerre civile en corrompant les esprits et les cœurs, doit être puni comme un être dangereux : son manteau de philosophe ne le mettra point à l'abri du stigmate flétrissant. Qu'un républicain prenne un fusil d'assassin ou une plume d'utopiste, comme Félix Pyat, pour assouvir sa haine ou satisfaire son ambition dans le sang et la ruine de sa patrie, c'est un monstre. On l'écrase, on fait bien. Les républicains d'estaminet et de tapis-francs qui hurlent la *Marseillaise* à tout propos, sont des parricides d'intention, qui le seront de fait quand ils croiront pouvoir dresser impunément des barricades contre leur patrie ! Vaincus, ils n'ont droit qu'au mépris; vainqueurs, on ne leur doit rien. La soumission factice imposée par la force brutale ne ratifie pas leur droit d'oppression et d'assassinat. Contre eux, les mesures répressives sont toujours le plus saint des devoirs.

DEMANDE.

En quoi consiste l'amour de la patrie?

RÉPONSE.

Dans les temps de transformation où nous vivons, il consiste à s'unir par la concorde, à méditer, à travailler dans le silence, à mûrir par la réflexion, à comprendre, à exprimer pacifiquement, comme des hommes libres, les grandes questions morales et politiques qui doivent assurer à la société les bénéfices d'une ère véritablement libérale ; il consiste à revenir à l'unité de principes, plutôt que de s'abandonner aux criailleries, aux divagations *mystagogiques* d'une école de folies renouvelées des Grecs, impuissante autant que bavarde, ridicule et absurde dans ses principes, et finalement atroce dans ses conséquences, comme nous l'a montré le procès de la cour d'Angers.

Promener tumultueusement des drapeaux par la ville, inscrire sur ces drapeaux le droit au travail et l'abolition de l'exploitation de l'homme par l'homme, et autres maximes du même genre, que le peuple devrait, à bon droit, renvoyer à ceux qui les prêchent, comme les plus détestables exploiteurs d'hommes qui soient au monde, puisqu'ils n'ont pas honte d'exploiter la misère qu'ils ont faite au peuple pour se partager ses dépouilles, et de prolonger leur pêche en eau trouble par des démonstrations farouches qui tarissent de plus en plus les sources de la prospérité publique et privée ; faire des émeutes sanglantes ; élever des barricades fratricides au nom d'utopies aussi coupables que ridicules ; faire appel à l'ignorance, à la mauvaise foi, aux plus ignobles passions pour satisfaire sa haine et son ambition ; le tout, pour le triomphe impossible d'un mot aussi vide de sens qu'il est gros de crimes et de calamités : ce n'est pas avoir l'amour de la patrie ! c'est, au contraire, vouloir assassiner la patrie, l'anéantir, l'ensevelir sous des ruines !... comme voulait faire M. Victor Hugo, l'ancien pair de France.

Savez-vous ce que disait, de ces gens-là, l'auteur des *Paroles d'un Croyant;* il s'exprime ainsi : « Il est » dans le parti républicain une classe qui n'a d'im- » portance que par la force que l'imagination lui » prête ; fantôme sinistre qui apparaît comme quel- » que chose de gigantesque à travers les nuages qui » l'enveloppent. Je parle des anarchistes, de ces » monstres aux mains sanglantes, qui méditent, au » fond de leurs repaires, le pillage, le meurtre, l'in- » cendie. Impuissants par eux-mêmes, ils disparaî- » tront dès qu'on s'unira contre eux ; et ce seraient » des passions bien étrangement aveugles, que celles, » nous ne disons pas qui chercheraient des alliés » dans le crime et dans la dévastation, mais qui ne » suspendraient pas à l'instant toute autre guerre, » lorsque des antres où ils se cachent sortent soudain, » haletant de fureur, les bannis de la civilisation, » pour ébranler la société dans ses fondements mê- » mes. Quiconque alors hésite à se lever, à se joindre » à ses frères pour la défense commune, celui-là n'est » pas un homme, celui-là est infâme à jamais. »

O montagnard abbé ! si vous aviez mis vos lunettes avant de lancer vos foudres *réactionnaires*, vous au- riez vu qu'elles frappaient en pleine poitrine vos chers collègues en socialisme. Vous serez toujours le plus remarquable inconséquent de votre siècle !

DEMANDE.

Dites ce que les véritables patriotes doivent faire pour prouver qu'ils aiment réellement leur patrie, et ce que la France exige d'eux ?

RÉPONSE.

Le premier devoir d'un patriote c'est de respecter l'autorité légitime, respect sans lequel tout pouvoir est impossible, vînt-il de Dieu lui-même. La France, la patrie, la République, l'Empire, en un mot, veut des hommes aux bras forts pour faire triompher la justice, et non la violence ; elle veut des hommes de bonne volonté, au cœur droit, pour repousser l'oppression quel que soit son masque et son drapeau ; elle veut des âmes brûlantes de dévouement pour le bien général, et non des républicains aveugles, fous furieux, des docteurs haineux, jaloux, couverts de la peau d'agneau, qui ne savent que monter sur le trépied du club pour secouer leur haine sur le pays, l'inoculer au cœur des masses crédules, pour pousser, exciter, galvaniser d'autres jaloux, d'autres haineux, afin qu'ils aillent leur tirer les marrons du feu.

J'ai cherché des hommes possédés du véritable amour de la patrie. J'ai été dans les clubs, sur la place publique, dans les assemblées de ceux qui se disent patriotes ; je n'ai vu que des niais ou des énergumènes fous furieux, et je me suis dit : ces gens-là n'ont pas l'amour de la patrie !... Ils ne connaissent même pas leur patrie !

J'ai entendu crier partout : *Vive la République !* je me suis approché de ceux qui poussaient ce cri afin de les mieux connaître, et j'ai vu beaucoup d'enfants, des jeunes gens, des hommes faits, des vieillards, et jusqu'à des femmes, qui criaient, gesticulaient, brandissaient les uns des bâtons, les autres des sabres, jetant des pierres dans les carreaux, au grand plaisir des femmes qui les encourageaient en riant de leur adresse ; tous menaçaient ; et j'ai demandé qu'ils me fissent voir la République qu'ils acclamaient si fort.

Les uns m'ont dit : Voyez-vous ces hommes tout blancs ?

— Oui.

— C'est la République !

— Du tout, reprit un autre groupe, regardez ces hommes bleus, voilà *la vraie République*, celle que nous voulons.

— Fort bien, dis-je ; quand un troisième groupe, qui avait entendu ce que les deux premiers m'avaient dit, se rua sur eux en me disant : Ne croyez pas ces imposteurs, ces sots bourgeois, ces vils réactionnaires ! Voyez-vous là-bas ce bonnet rouge au bout d'une pique ! Voilà la seule République possible, la République du vrai peuple ! sus aux *réacs !!..*

J'eus à peine le temps de me sauver. Une mêlée terrible s'engagea entre tous ces patriotes. Les cris s'élevèrent plus furieux que jamais. Hélas, me disai-je en m'éloignant de cette cohue, la République n'est ni ici, ni là-bas ; car elle n'est ni blanche, ni rouge. Dans cet état d'effervescence populaire, l'amour de la patrie et la fraternité ne sont que deux mots sans valeur, des abstractions, des leviers que les factions blanche et rouge interprètent et faussent à leur profit. Le prestige de ces mots sacrés masque la triste réalité du but où ils veulent entraîner la société. Le peuple est simple, crédule, on galvanise son cœur et son âme avec ces expressions, comme on trouble son cerveau en lui mettant de la poudre dans son eau-de-vie avant de le lancer, du club, sur les barricades.

DEMANDE.

Il y a donc bien peu de bons patriotes ?

RÉPONSE.

A Dieu ne plaise que je soutienne une semblable proposition. Les sincères patriotes sont plus nombreux qu'on ne se l'imagine généralement. Ils sont en forte majorité ; mais ce qui fait qu'ils n'ont pas toute la prépondérance qu'ils doivent finir par avoir, c'est que, possédant le véritable amour de la patrie, ils sont tièdes dans la pratique d'une autre vertu républicaine, le courage ! Le sentiment de leur droiture, de leur sincérité, de leur force, de leur conscience, de leur bon droit, les rend trop indifférents sur l'audace de leurs adversaires. Ils sont comme ces médecins instruits et habiles dans leur art, qui, certains de la renommée, dédaignent la grosse caisse et les cymbales des charlatans effrontés, ignares, sans pu-

deur comme sans talents, et qui, cependant, entraînent les masses à leur suite, au grand préjudice de la
santé publique. Il faut que le médecin savant ait le
courage de la science. Il est temps, et plus que temps,
que les charlatans n'empoisonnent plus audacieuse-
ment, et en faisant fortune, les malades crédules
sous prétexte de les guérir sans douleur.

DEMANDE.

L'amour de la patrie est-il un principe de l'ordre
social ?

RÉPONSE.

Le premier principe de l'ordre social, c'est l'amour
de la patrie, qui entretient la vie de l'État. Ce principe embrasse tout : il porte aux qualités morales et
aux vertus publiques. Il est la base du bonheur, de
la bonne foi et de la paix. Il anime tout, soutient tout,
et porte à toute espèce de bien. Celui qui aime sa
patrie est bon citoyen, bon ami, bon fils, bon époux,
bon père.

La patrie, c'est l'âme universelle, le foyer où se
concentre toutes les bonnes et grandes choses pour
les répandre ensuite comme une rosée bienfaisante
sur chaque membre de la sainte union !

La patrie, c'est ta mère, l'amour que tu as pour
ton père, tes frères, tes sœurs, ton prochain ! C'est
la famille où aboutissent tous les liens de l'affection
qui enveloppe tous les hommes. Appliqué à l'amour
de la patrie, l'enthousiasme est la force, le courage,

la vertu et le génie ! Quand cela germe dans les grandes âmes, elles sont portées aux choses utiles et glorieuses en faisant le bonheur des peuples !

DEMANDE.

A quoi doit-on comparer la patrie ?

RÉPONSE.

Au soleil de Dieu, qui réchauffe, fait fleurir et fructifier tous les trésors confiés à la terre par la main intelligente de l'homme. Sur ce sol dont le travail seul doit assurer la propriété, que chaque main remue, tourne et retourne sans cesse pour le rendre plus fécond. Qui comptera tous les coins du globe qui doivent concourir à la richesse générale, pour l'étendre ensuite à tous les besoins de la patrie !..

III.

DU COURAGE.

Qu'est-ce que le courage ?

Le courage est une faculté de l'âme qui la porte à quelque chose de hardi, de difficile, de périlleux, de grand.

Pourquoi faites-vous du courage une vertu républicaine ?

Je fais comme l'abeille, je butine sur toutes les fleurs, sur celles qui ont des épines et déchirent les doigts, comme sur celle dont le toucher est doux et velouté ; dans un livre, voici ce que j'ai lu : « Avec » le colza on a fabriqué l'huile à brûler, avec le cou-

» rage on a enfanté les hauts faits sur lesquels reluit
» la gloire, comme la mèche éclaire dans l'huile. »

Le courage est l'huile qui doit faire briller le flambeau de la République, afin qu'elle soit la lumière qui éclaire le monde, et non la torche qui incendie. Supprimez l'huile, la lampe s'éteint; supprimez le courage, la République meurt !..

Deuil à la République dont les citoyens manquent de courage ! Deuil au peuple dont les chefs manquent de cette vertu ! Si la République est faible, ses voisins la maltraiteront, elle et son peuple, sans le moindre ménagement; si elle est forte ils lui tiendront ce langage : Soyez tranquille, vivons en bonne intelligence ! Autrement, ils tireront avantage de sa peur; ils solderont des agents pour semer la division dans son sein, ils l'envelopperont comme une ville assiégée, lui enlèveront ses alliés, lui recruteront des ennemis au dedans et au dehors, en attendant qu'elle s'endorme sur la foi de ses chefs; et, quand elle dormira, ils viendront, sans bruit, la surprendre !.. Je vous dis que cette République périra, si les citoyens n'ont pas de courage, ou si leur courage n'est pas secondé par le courage des chefs.

Deuil, trois fois deuil à la République dont les bons citoyens n'ont pas le courage de leurs vertus ! leurs bonnes pensées s'enseveliront entre eux, parce qu'ils n'oseront pas les manifester au grand jour. Ils craindront de se compromettre et tripleront ainsi l'audace qui fait la force des méchants; ils se laisseront envelopper par la sédition, comme dans un filet, et parce qu'ils auront voulu sauver leur vie, ils la perdront. Qu'ils y prennent garde, si les citoyens vertueux deviennent timides, peureux, sous le vain prétexte d'être prudents, ils manquent de courage; s'ils n'osent plus écrire, ni parler, ni se rassembler pour combattre ouvertement les méchants, ils laisseront l'oppression maîtresse du pays, la guerre civile le désolera et tous y périront.

Deuil au peuple! qui, ne connaissant pas la justice, n'a pas le courage d'apprendre à la connaître ; au lieu de se lever pour se sauver lui-même, il grossira les rangs de l'émeute qui les dévorera jusqu'au dernier.

Deuil à la République! dont les citoyens s'enferment quand l'émeute gronde dans les villes! Quand le drapeau de la révolte s'y promène, ils disent : Attendons, voyons ce qui va arriver!.. Ils subiront la loi du plus fort, leur fausse prudence ne les sauvera pas de la ruine. La peur en a fait les complices de leurs ennemis; ils se seront abstenus de prendre part à la lutte, ils n'en seront pas moins traités en vaincus.

La République qui prend son courage dans la justice est inébranlable ; chaque citoyen est un géant formidable; *Catilina* peut lui enlever ses armes par surprise, il vaincra vingt Catilina. La fronde de l'enfant clouerait la pierre aiguë dans le front du Philistin insolent et pillard qui menacerait sa maison ou son champ.

D'autres disent : Que les soldats se battent! c'est leur métier!.. Pour qui donc se battent les soldats, si ce n'est pour ceux qui parlent ainsi?.. Et les soldats ne sont-ils pas tous nos enfants, nos frères ?.. Oui, le soldat doit avoir du courage ; il en a, il l'a prouvé cent fois ; ne le prouve-t-il pas aujourd'hui en Crimée comme dans vos murs menacés par la démagogie séditieuse, et sur les champs de bataille où il est mort pour la gloire et l'honneur de la France, et pour sauver l'indépendance du pays : mais vous qui dites : c'est son métier d'avoir du courage, sachez que votre devoir est d'être courageux.

Il n'y a pas que le courage des combats ; il n'est guère possible de pratiquer les vertus républicaines sans courage ; que dis-je, lui-même est une vertu ! Conduit par la justice, il la protége ; il pousse et entraîne à sa suite la fraternité ; et cette trinité brave coups, calomnies, haines, trépas.

Sans doute tous les caractères ne sont pas fortement trempés, il en est de faciles à intimider ; l'audace méconnaît ceux-ci, en vain ils se secouent pour ne pas avoir peur, malgré eux ils tremblent ; c'est une affaire de tempérament. Tous les hommes ne sont pas calmes dans le péril : cette tranquillité, ce sang-froid sont des heureux dons de la nature, il serait injuste de l'exiger de ceux qui ne l'ont pas, ou de leur faire un crime d'une chose qu'ils ne peuvent avoir ; tel mourrait avec réflexion en s'enfonçant un poignard dans le sein, ou en buvant une coupe empoisonnée, qui tremblerait devant des coups de fusil. A chacun sa part de dévouement et de dangers ; à l'homme d'action le coup hardi, à d'autres le courage civil pareil en chances terribles.

Soyons donc courageux selon le don que nous avons reçu de Dieu; mais toujours en vue de faire triompher la justice. La raison doit sans relâche être là, prête à fortifier le caractère; le courage de raison supplée au courage de tempérament. Un républicain criera sans cesse après le lâche, son excuse ne vaut jamais rien. Tandis que vous avez peur, le méchant agit. Il vous suffirait de vous montrer pour le mettre en fuite. Il n'est fort que par votre faiblesse, et si le courage des autres ne venait pas à votre secours pour vous sauver à votre insu, où en seriez-vous à votre tour? Ayons donc d'abord, si nous ne pouvons faire mieux, le courage des petites choses, et, peu à peu, nous aurons celui des grandes. Elles ne nous seront pas plus difficiles qu'elles ne l'ont été pour ceux dont nous admirons la valeur et l'intrépidité dans les dangers, et si nous ne pouvons faire des actions d'éclat, faisons-en de bonnes en obéissant au sentiment du devoir modeste. Le simple soldat obtient autant de gloire que le chef qui le commande, quoique le soldat ne fasse qu'obéir. Sans l'obéissance du soldat, l'expérience du chef est inutile. Sans le respect de l'autorité et le courage des vertus que ce respect impose, la sagesse du chef de la République sera stérile!.. Et quelle chose ne demande pas du courage?.. Le lâche en déploie quelquefois plus pour s'assurer une fuite honteuse, qu'il ne lui en aurait fallu pour obtenir un triomphe glorieux.

Le courage est aussi nécessaire à la vie politique d'une nation, que le sang à la vie de l'homme. Le courage est une vertu républicaine. Si l'on m'objecte que les faiseurs d'émeute et de barricades, eux aussi, montrent beaucoup de courage, je répondrai : Le loup et le chacal en montrent encore plus pour conquérir leur proie. La férocité du loup et du chacal n'est pas le courage ; et, si l'on ne veut pas cet exemple, je demanderai comment on appelle les actes de Cartouche et de Lacenaire ! !..

Les vrais républicains m'auront compris : les mauvais nient la lumière. Que leur fait le flambeau qui la porte ?

IV.

DE LA SINCÉRITÉ.

DEMANDE.

Qu'est-ce que la sincérité?

RÉPONSE.

La sincérité est une vertu du cœur qui fait que l'on est toujours franc, véridique, et sans cesse disposé à faire le bien et dire la vérité.

DEMANDE.

Pourquoi la sincérité est-elle une vertu républicaine?

RÉPONSE.

Parce qu'elle est l'ennemie du mensonge, de la dissimulation, de la perfidie qui fait les Tibères! la sincérité est une vertu, parce que sans elle, en politique comme en morale, il n'y a que piéges, trahisons, crimes, douleurs.

DEMANDE.

Montrez-nous les avantages de cette vertu ?

RÉPONSE.

J'ai lu dans le récit d'un voyageur philosophe, ce passage : « C'est un spectacle touchant de voir l'en- » trevue de deux Kouriles amis qui habitent dans des » îles séparées. L'ami vient sur un canot, et l'hôte » qui va le recevoir marche avec cérémonie. Chacun » endosse son habit de guerre, prend ses armes, agite » son sabre et sa lance. Ils bandent leur arc l'un » contre l'autre comme s'ils allaient combattre ; ils » s'approchent en dansant. Quand ils se sont joints, » ils s'embrassent avec toutes sortes de caresses et » versent des larmes de joie. On mène le convive dans » une *iourte*. On le fait asseoir. On se tient debout » devant lui pour écouter le récit des aventures de » son voyage, les nouvelles de sa famille. Quand il a » fini de parler, le plus âgé de l'habitation raconte, à » son tour, tout ce qui s'est passé dans l'île depuis » l'absence de son ami. On se réjouit ou l'on s'afflige » selon la nature du récit. Enfin on mange, on danse, » on chante. »

Ainsi font les sauvages. Chez nous, où l'on se targue d'être fort avancé en civilisation, où les philosophes matérialistes humanitaires se vantent d'être les flambeaux de la science et de la vertu ; chez nous, où l'on crie si haut que l'on est républicain de cœur et d'âme ; où les mots LIBERTÉ, ÉGALITÉ, FRATERNITÉ !..

sont écrits sur tout et font partie de la formule de politesse qui termine les moindres correspondances privées des républicains ; chez nous, dis-je, il y a autant et plus de cérémonies dans les entrevues que chez les Kouriles, avec cette différence que c'est au sérieux et en se cachant qu'on prend, entre amis, l'habit de guerre, le sabre et la lance. Les saluts, les baisements, les caresses, pleuvent avec les plus basses flatteries ; puis, en se quittant, la haine tend un piége, l'intérêt place son trébuchet, la malveillance calomnie, déchire, mord ; la trahison meurtrit, lacère et déchiquète fibre à fibre. Derrière un comptoir, un auvent, un buisson, un chariot, une borne, une barricade, on lâche ses coups de Jarnac, ses coups de langue, de sabre, de lance, de fusil, contre l'ami exploité, baisé, amadoué, complimenté, adulé, invité et réinvité à sa table.

DEMANDE.

Ce sont là des actes révoltants, infâmes, contre lesquels protestent les honnêtes gens de tous les partis.

RÉPONSE.

D'où vient donc que ces faits révoltants puissent être si souvent et si impunément provoqués par des hommes qui se disent républicains. Quand la conscience de l'honnête homme s'indigne en présence d'un acte monstrueux, la justice lui commande autre chose qu'une vaine protestation isolée dont se rit l'audace de ceux qui prêchent, commettent et font commettre les forfaits dont nous parlons. La République, c'est le règne des honnêtes gens, et non l'oppression des méchants sur les bons citoyens ; mais pour cela il faut que les honnêtes gens aient le courage de la vertu, s'ils veulent terrasser l'audace du vice. Oh ! quand les honnêtes gens comprendront leur force, quand l'empire des justes régnera sur les justes, par et pour les justes, je ne dis pas qu'alors on pourra être fourbe impunément !.. Jusque-là, savez-vous comment s'appelle en certaine politique et en certaine morale cette conduite des fourbes ? Cela s'appelle habileté, finesse, savoir-faire !

DEMANDE.

Quel nom donne-t-on à la fourberie, si on lui ôte le sien propre ?

RÉPONSE.

Si elle ne réussit pas, si elle se laisse prendre, on la nomme imprudence, maladresse, incapacité : si elle triomphe, elle est le comble du savoir, de la prudence, la quintessence de l'art social et politique.

DEMANDE.

La sincérité doit être bien maltraitée par les partisans de cette morale et de cette politique ?

RÉPONSE.

La sincérité à leurs yeux, est une brute, une idiote,

une grossière, une malhonnête; toujours funeste à ceux qui ont la simplicité d'en faire une vertu à leur usage ; mais, comme la fraternité sa compagne, elle se rit de ceux qui l'injurient, quand elle veut, elle confond leur habileté; en soufflant dessus, elle la perce à jour aussi facilement qu'on fait crever la bulle de savon aux reflets prismatiques.

DEMANDE.

Par quel moyen arrivera-t-elle à ce but?

RÉPONSE.

Par le discernement, et elle le possède au suprême degré ; c'est lui qui l'empêche d'être brute et idiote, et la rend mille fois plus fine que les habiles et les fins qui la calomnient. A voir sa franchise, on peut la croire inexpérimentée ou faible ; mais qu'on y prenne garde, elle sait discerner, et son discernement est une pierre de touche infaillible pour les ruses de ses adversaires. Les fourbes s'imaginent qu'elle se livre inconsidérément, ainsi qu'un cheval appuie son poitrail sur le couteau de l'équarrisseur : c'est alors qu'elle serait idiote, brute, grossière, malavisée ; mais non, elle sait démêler le bien du mal. On veut lui nier cette précieuse qualité, la lui ravir pour la perdre, mais c'est sa nourriture, sa vie ! Sans son coup d'œil judicieux, la sincérité ne serait pas une vertu limpide comme l'azur du ciel. On a beau noircir son teint rosé, elle reste fraîche et éternellement vierge !

DEMANDE.

En politique, ne craignez-vous pas qu'elle ne soit une faute, une imprudence? On a dit : La parole n'a été donnée à l'homme que pour déguiser sa pensée.

RÉPONSE.

A votre tour, pensez-vous que la sincérité ne soit pas offensée par les diplomates? Vous faites grand bruit de votre politique : songez donc que nous vivons sous un gouvernement de bonne foi, *sérieux;* la politique la plus franche y sera toujours la meilleure. Qu'est-il besoin de fourberie, de finesse pour conduire un bon gouvernement? Fait-on de la vérité avec le mensonge? Quelle rouerie y a-t-il à dire : cinq et quatre font neuf? quel mystère algébrique peut-il y avoir là-dessous? La politique dont vous parlez ne sera jamais la politique de l'Empire.

Je sais que la dissimulation est passée dans les mœurs, qu'elle est devenue le précepte du bon ton et du savoir-vivre dans une certaine portion de citoyens rigoureux observateurs des formes de l'étiquette. Cette portion qui reluit, à part, dans un cercle où elle s'isole, se trouve continuellement singée, copiée, calquée par le peuple (vieux style), jaloux de la splendeur rayonnante dont l'industrie et les arts la revêtent, dont l'éducation et la richesse l'incrustent. Cette eau de la dissimulation, plus mordante qu'un acide, descend jeter sa brûlure sur les masses entières de la population où elle fait des singes ou des envieux bientôt redoutables. Elle propage le ridicule et sème des appétits déréglés : dans l'un et l'autre cas elle détruit les mœurs en les corrodant ; de sorte que, sous cette rosée d'eau forte, sous ce caustique rongeur, ce n'est pas trop de dire : toute âme a blanchi, tout cœur s'est gâté, tout visage a perdu ses traits naturels ; et si l'on ne répare tous ces ravages, si l'on n'en détruit pas radicalement la cause, croyez-vous que l'on fera facilement des républicains avec des citoyens gangrenés de la sorte ? La réforme des mœurs doit précéder la réforme politique. En vain vous badigeonnerez les mœurs mauvaises d'institutions républicaines, vous ne ferez que blanchir des sépulcres !

Non, les diplomates, les orateurs, les grands, les parvenus, les intrigants, les poètes et les philosophes socialistes n'ont pas seuls la science de la fraude et de la dissimulation, le talent de la tromperie, l'habileté de plus en plus vulgaire de mêler derrière le dos l'écheveau de la fourberie. Déjà et depuis trop longtemps, dans la fabrique, dans les carrières de Trélazé, dans l'atelier, dans la boutique, sous la loquacité obséquieuse du plus petit marchand, du plus rustique commis, sur le seuil de l'échoppe, de la cabane, comme aux salons des palais, ON TRAHIT LA SINCÉRITÉ : partout on joue l'éternelle comédie des dupes et des fripons, des malins et des imbéciles, aux grands applaudissements d'un parterre crédule qui fait les frais de la farce, surtout en politique.

Soyez fins, soyez habiles, c'est la devise universelle. Soyez fourbes, adroits, devenez riches, puissants, honorés et moquez-vous de la morale, voilà la règle !... et comme l'habileté de tout le monde n'est plus de l'habileté, c'est à qui renchérira sur la fourberie de son voisin, à qui sera plus fin que le réputé le plus fin, jusqu'à ce que, toutes les ruses étant usées, toutes mines éventées, il vienne des Attilas philosophes qui crient : Malheur aux Hommes ! Vive la Communauté !

Est-ce à dire que la fourberie soit toujours et nécessairement accompagnée de la finesse ? Non, car trop souvent les piéges les plus grossiers sont ceux où le fourbe se laisse prendre. Pourquoi ? C'est que telle est la finesse de la fourberie qu'elle aveugle ceux qui croient la posséder, qu'elle les rend inférieurs à ceux qui n'ont que le plus léger bon sens ; ils donnent tête baissée dans leurs propres filets. Cependant, je conviens qu'il y a une infinité de gens d'un esprit tout-à-fait borné qui font figure dans le monde, et n'ont pour tout patrimoine qu'une exécrable fausseté. Joignent-ils la finesse à la fourberie ? Non, ils joignent l'audace à la bêtise ; ils sont bêtes et méchants, espèce d'hommes plus dangereux qu'on ne croit et contre lesquels se brisent tous les jours des mérites réels.

La tromperie est plus ou moins fine, selon l'intelligence de celui qui l'emploie ; mais elle est loin d'être la finesse. La sincérité est mille fois plus fine que la tromperie ; mais par un fatal préjugé qui peut donner une juste idée de la dégradation morale de la société, on aurait honte d'être sincère. C'est une lèpre générale que la fourberie. Toutes les conduites, tous les discours ont des causes cachées sous leurs mouvements apparents. Les marionnettes parlent, gesticulent, agissent au moyen de ficelles habilement voilées !

Depuis que les méchants intéressés à propager l'erreur ont répandu le bruit que la sincérité était bêtise, c'est à qui la fuira, la pourchassera pour ne pas passer pour sot. Les plus polis lui rient au nez, ou lui mettent la porte sur le dos quand elle se présente. Si on l'écoute, c'est pour prendre dans ses paroles des armes contre elle-même.

Voyez, et jugez. Nous voici dans un de ces appartements richement meublés qui sont la demeure de ceux que l'on est convenu d'appeler de grands personnages. Regardez ! Qu'y voyez-vous ?... des histrions !... Approchez, écoutez leurs discours : l'avare déclame contre l'avarice, l'intrigant contre l'intrigue, l'égoïste contre l'égoïsme, le conspirateur contre les complots ; le financier enrichi par le vol et l'usure se plaint de l'absence de la bonne foi ; l'athée tonne contre l'impie, le calomniateur contre la calomnie, le débauché contre la dissolution des mœurs, le gourmand contre l'intempérance, un adultère public contre ceux qui violent la foi conjugale. Là l'homme partout ailleurs emporté, violent a sur les lèvres et dans les yeux le sourire plein de sérénité, de douceur, d'affabilité. Un Lacenaire y a l'air tendre, il philosophe avec toute l'onction d'un chef de secte socialiste. Ici on feint de s'adorer tandis qu'on se déteste, on échange des mensonges avec une exquise politesse ; on ne demande pas le mérite, mais on apprécie le geste, le babil, l'aplomb, l'effronterie décente des personnages. La vogue, la renommée vient suivant que l'on est bon ou mauvais comédien.

Ce n'est là qu'un des côtés de la question ; le côté social et politique est autrement scandaleux. C'est dans les assemblées comme dans les conseils de certains républicains cramoisis que la fiction a tout envahi, depuis l'institution la plus vantée jusqu'aux élucubrations quotidiennes des grands hommes d'État de la *démocratie sociale* et celles de leurs généraux en chef les parodistes montagnards, représentants de leur propre vanité, de leur mauvaise foi, de leur outrecuidance, purs des purs, et qui, rongés d'intrigues, dévorés de *vingt-cinq-francomanie*, montent incessamment à la tribune des clubs pour tonner contre la corruption, contre l'abus des influences ; toutes choses sans lesquelles tant de culotteurs de pipe n'auraient pas dépassé la limite que leur assigne la fable de Phèdre : *Ne sutor ultra crepidam.*

Que valent les discours, les promesses, les serments des fourbes politiques ? Leur éloquence est menteuse comme les espérances de *l'Icarie :* leurs serments sont vains, et leurs promesses sont comme un filet d'eau que le moindre rayon du soleil de l'intérêt personnel sèche en un instant. J'ai cherché un homme sincère dans cette tourbe de socialistes que

Février a fait sortir des bouges et des estaminets comme une nuée de sauterelles s'abattant sur de riches moissons ! J'ai cherché cet homme parmi ceux que l'intrigue a fait éclore sous le patronage des escamoteurs du boulevard des Capucines, et j'ai eu du mal à trouver ce démocrate de bonne foi dans tous ces tribuns de la borne et du club.

O. grandeur d'âme que j'admire par dessus toutes les gloires ! sans doute tu passeras pour le fruit d'un esprit malade parmi les générations démoralisées d'Héliogabale et de Caracalla ! Beaucoup attribueront à la niaiserie de la bonne foi, à la sotte franchise gauloise une action qui serait semblable à la tienne. On l'habillera de la souquenille du ridicule, et ceux qui s'en moqueront le plus sont encore ceux qui crient plus haut que tous les autres, qu'ils étaient, qu'ils sont, qu'ils seront républicains ! triple mensonge ! Si de tels hommes personnifiaient la République, si la France pouvait être jamais taillée à leur image, elle ne serait bientôt qu'un vaste tapis-franc peuplé de joueurs sans conscience et d'intrigants audacieux.

DEMANDE.

Il est donc de nécessité absolue de pratiquer la sincérité pour être véritablement républicain ?

RÉPONSE.

Il est aussi impossible d'être véritablement républicain sans la sincérité qu'il est possible à un homme sans langue de parler, à un aveugle de distinguer les couleurs.

Un vrai républicain est sincère, il abhorre la duplicité ; car la ruse décompose, change et dénature la République, qui doit être comparée au rayon lumineux que le prisme analyse. La duplicité ne sait faire qu'un amalgame informe des sept couleurs primitives si pures du soleil, symbole de la République, où tous ne font qu'un. La République ne s'efface-t-elle pas, ne se peint-elle pas à chaque instant d'un margouillis de rouge, d'orange, de jaune, de vert, de bleu, d'indigo, de violet hideusement mélangés sous le prisme de la duplicité, qui est l'anarchie ? Un vrai républicain doit fuir la duplicité et la faire fuir aux autres. Son sourire donne à soupçonner un mauvais dessein. Avec elle il y a toujours anguille sous roche. Ce qu'elle donne à manger ronge les entrailles ; le présent qu'elle fait inspire la crainte. Elle offre son vin : venez, buvons ensemble, dit-elle au peuple, fraternisons dans des banquets !.. le peuple y va. Est-ce par amour pour lui qu'on l'invite ? Non ; c'est pour lui faire payer la poudre qu'il brûle si aveuglément à la voix des prédicants de fraternité, qui ne trinquent avec lui qu'avant la bataille ? jamais pendant, jamais après, quelle qu'en soit l'issue.

DEMANDE.

Définissez la sincérité ?

RÉPONSE.

Les vertus se tiennent ; si la bonne foi provient de

la justice, elle est de plus en contact avec la sincérité; la sincérité donne naissance à la véracité et s'unit avec la discrétion et la politesse, ses compagnes, quoique la politesse d'étiquette n'ait rien de comparable avec la délicatesse de la sincérité. En effet cette singerie d'étiquette n'est pas la politesse; à peine en est-elle la grimace : on la sait fausse, malfaisante, haineuse, jalouse; parfois dans le fond du cœur elle est atroce, tandis que la politesse fraternelle de la sincérité est affable, pleine d'indulgence et d'amour.

Ennemie naturelle du mensonge, la sincérité ne retire jamais sa parole ; elle ne la donne pas non plus dans le dessein de la retirer. Si elle a dit une chose, elle avoue qu'elle l'a dit sans chercher si elle parle contre son intérêt. On la croit quand elle parle, quoiqu'elle ne fasse que dire : « Oui, cela est; non, cela n'est pas. » Son regard est simple comme son cœur, et sa bouche dit toujours sa pensée : quand elle vous tend les bras, c'est qu'elle vous aime. Elle tient fidèlement sa promesse, parce que son discernement ne lui permet pas d'en faire de contraire à la justice.

DEMANDE.

La sincérité serait-elle un livre ouvert que tout le monde pourrait feuilleter, une lettre décachetée dont le premier venu peut prendre connaissance ?

RÉPONSE.

La croire telle serait une grande erreur ; toute

franche qu'elle est, elle a sa case à part, où elle renferme et scelle ses secrets : ce serait bon si elle s'ou-
vrait à tout vent pour se vider comme la boîte sans
couvercle ! loin de là, la sincérité est fort discrète.
Quand le fourbe est devant elle pour lui tirer les vers
du nez, elle est là, pleine de sagacité, qui scrute la
ruse et la tord avant d'en être enlacée. Rappelez-vous
son origine, et n'oubliez pas que la sincérité se greffe
sur l'intelligence ; elle n'exclut pas la finesse ; prudente, elle n'a pas pour principe de faire un pont d'or
à son ennemi.

DEMANDE.

Quels sont les avantages de la sincérité ?

RÉPONSE.

Si la morale est le foyer toujours brûlant d'où
s'échappent les rayons chauds et diaphanes de la
sincérité, sous la tutelle de cette vertu le commerce
des hommes ne serait plus, comme il l'est aujour-
d'hui, une entrevue de gens masqués, aux traits
flatteurs, dont le regard caresse, la langue cajole et
dont le sentiment intérieur est la haine et la trahison.
Les paroles de part et d'autre ayant leurs vraies couleurs, étant l'expression sincère des sentiments peints
sur le visage, les pensées s'étant rencontrées telles
qu'elles avaient été conçues, l'on se retirerait joyeux
d'avoir communiqué avec son semblable suivant le
besoin impérieux de la sociabilité de notre nature.
Les rapports des hommes entre eux s'adouciraient

malgré ce mot atroce arraché à La Rochefoucauld par le spectacle de démoralisation de son siècle : « *Les hommes ne pourraient vivre ensemble s'ils n'étaient dupes les uns des autres.* » La sincérité établirait bientôt dans les rapports le plus sûr moyen d'atteindre complétement le but de son obligation morale de faire à autrui comme on veut qu'il soit fait à soi-même.

DEMANDE.

Quels sont les principaux devoirs qu'impose la sincérité ?

RÉPONSE.

C'est de repousser, de poursuivre, d'anéantir le mensonge, quelle que soit la couleur dont il se pare pour égarer l'opinion publique, fausser l'intelligence des faibles et exalter l'imagination des pervers ; c'est de prêcher en tout, partout et toujours la vérité, même celle qui peut blesser l'ignorance, les préjugés et les mauvais penchants du peuple ; c'est surtout de ne lui promettre que ce que la justice, la morale et la saine raison permettent de faire espérer, si l'on ne veut manquer à sa parole et donner ainsi prétexte à des révolutions nouvelles ; c'est d'ouvrir les yeux à tous les citoyens sur le danger d'utopies qui flattent des passions mauvaises, qui exploitent même des sentiments généreux, pour en faire les instruments d'ambitions haineuses et jalouses qui rêvent leur bien particulier sur la ruine générale ; c'est de démasquer la fourberie sociale, de brûler cette peste, de secouer, d'écraser cette chenille qui ronge l'arbre de vie, la vraie République fondée par Napoléon, de celle qui veut le progrès par l'amélioration des mœurs, la culture des vertus morales, religieuses et politiques, dont les fruits sont l'abondance, la paix, la force, la gloire, l'indépendance et *la majesté d'un peuple roi de l'univers intelligent!* — Telle doit être la France !..

Voici ce que dit la morale :

« Quand tu verras un homme dissimulé, prends
» garde, ne cesse un instant de l'observer, de peur
» que la présomption de l'avoir deviné du premier
» coup d'œil ne soit l'occasion de ta chute. Tâche de
» décrier sa dissimulation partout, afin qu'il n'en
» rende pas les autres dupes et qu'il n'en infecte pas
» ses frères.

» La politesse de la sincérité ne consiste pas dans
» une cérémonie à part, mais dans la douceur d'un
» peuple civilisé.

» Ne promets rien que tu ne puisses tenir, de peur
» d'être pris par tes propres paroles si elles ne sont
» pas conformes à la justice.

» Garde fidèlement ta parole et sois-en fier.

» Reste fidèle à ton ami. Devine et tue l'hypo-
» crisie. »

Le fourbe prêche aujourd'hui, et par sa prédication il égare ceux qu'il veut dévorer. Il a pris la peau de l'agneau, il emploie toute sa ruse à cacher ses griffes et à faire triompher l'imposture, il se drape dans la tunique de Jésus-Christ pour vomir le blasphème contre les hommes, la famille, la propriété et contre Dieu lui-même. Veille jour et nuit à déchirer son masque, à faire voir sa griffe sous sa peau d'agneau, à tuer son prestige, à percer sa langue du fer rouge de la vérité.

Loue à chaque instant la sincérité, et ne te lasses pas de la prêcher d'exemple en sévissant sans ménagements contre les faux ouvriers, frelons du peuple, qui pullulent au sein de la fainéantise, prêts à servir le premier ambitieux en état de leur allouer un salaire.

V.

LA JUSTICE.

———

Qu'est-ce que la justice ?

La justice est une vertu qui fait que l'on rend à chacun ce qui lui appartient. Elle a son expression dans une simple et admirable formule : *Ne fais pas à autrui ce que tu ne veux pas qu'on te fasse ; fais à autrui ce que tu voudrais qu'on te fît à toi-même.* Politiquement, la justice c'est l'observation fidèle des lois humaines ; mais pour être bonnes les lois humaines doivent avoir leur type dans les lois de la justice divine, sous peine de n'être qu'une lettre morte. La justice est une vertu qui détermine et maintient le droit de tous et de chacun. Elle est la mère de la liberté ; car la liberté dépend des mœurs, de l'amour, de la justice et de l'ordre. La justice crie au peuple : Français ! craignez l'ivresse de la liberté ; elle est plus dangereuse que celle du vin.

DEMANDE.

Pourquoi la justice est-elle une vertu ?

RÉPONSE.

Parce que sans la justice point d'égalité ! point de République ; sans elle il ne reste rien que la force brutale ; elle seule peut nous protéger contre l'audace des méchants, toujours plus entreprenants sous les gouvernements démocratiques, où la revendication du droit de liberté fait trop souvent dégénérer celle-ci en licence.

DEMANDE.

Quelle est l'origine de la justice ?

RÉPONSE.

La justice est la première des vertus humaines, la divinité des empires, la providence des nations ! La justice vient de Dieu, qui en a mis le flambeau dans la conscience des hommes. La puissance destinée à établir l'ordre de la justice réside dans la conscience universelle, qui la comprend, la conçoit, la publie, s'exprime en son nom, engage le combat pour elle et poursuit énergiquement tout ce qui lui porte atteinte.

DEMANDE.

Quelles sont les attributions de la justice ?

RÉPONSE.

C'est de veiller à ce que, sous **quelque** prétexte

que ce soit, nul ne fasse tort à autrui ; c'est de distinguer, d'accorder, de respecter tous les droits. C'est elle qui les lie entre eux, les appuie les uns sur les autres, comme des pierres de taille dans l'édifice de la société morale et politique ; elle est le marteau, le compas, le ciment, le fil à plomb de ce vaste monument. Quand il s'écroule par pans de murailles, qu'il tombe en ruines, c'est qu'il n'a pas été tiré au cordeau de la justice, que les angles, la base, le sommet n'ont pas été construits selon sa mesure.

DEMANDE.

A quels signes reconnaît-on la justice en morale et en politique ?

RÉPONSE.

Au soin rigoureux qu'elle met à rendre obligatoires tous les devoirs et à faire accorder tous les droits légitimes ; à son ardeur à réprimer toute tentative de désordre ou toute atteinte portée à sa puissance par des minorités factieuses qui feraient appel à la ruse ou à la violence en se servant de son nom pour fausser les consciences et justifier des ambitions individuelles.

DEMANDE.

Quels sont les principaux actes de la justice dans le passé politique de la France ?

RÉPONSE.

L'abolition du servage et de l'esclavage, celle de

tous les titres arbitraires, qui détruiraient l'égalité en la rendant nulle devant la loi ; la suppression des jurandes, des maîtrises et des fiefs, que les Cabet et les Proudhon espèrent, *in petto,* faire renaître à l'aide des théories socialistes qui en prépareraient admirablement la voie *si déjà l'on ne savait que le socialisme n'est qu'un prétexte des légitimistes pour s'emparer du pouvoir par le plus affreux de tous les moyens.* C'est aussi la justice qui a émancipé la femme en lui rendant ses droits de créature libre et sa véritable place dans l'ordre social.

DEMANDE.

Quel est le but de la justice dans la société politique ?

RÉPONSE.

Le triomphe pacifique, complet de l'ordre.

DEMANDE.

La justice est-elle de droit absolu ?

RÉPONSE.

Oui. Elle est indispensable moralement et politiquement.

DEMANDE.

Il n'est donc jamais permis de l'enfreindre ni de se révolter contre elle ?

RÉPONSE.

Pas plus qu'il n'est permis d'attenter à la vie de

son semblable ou de s'insurger contre la décision des majorités dans un gouvernement régulier.

Les majorités ont-elles une autorité politique absolue égale à la puissance et à l'autorité morale, absolue de la justice?

Je réponds : oui, sans hésiter; car autrement pas de gouvernement réalisable ou capable de se maintenir sans le respect des volontés de la majorité, qui est l'autorité elle-même de tout gouvernement.

Le gonvernemeut, fût-il démocratique et social, comme l'entendent les prédicants de cette forme négative de toute liberté, de toute égalité, de toute fraternité, de toute autorité et partant de toute justice autre que celle qu'on voudrait tirer de l'esprit d'une règle arbitraire, arbitrairement imposée... ce gouvernement-là périra, si la violence des minorités *volées* se révolte contre les majorités *voleuses* qui les opprimeraient contre toute justice, mais qui cependant ne pourraient, sans se suicider, admettre la souveraineté des minorités.

Mais si la puissance de la majorité est incontestable et inviolable, elle a donc le droit de changer la forme du gouvernement?

RÉPONSE.

Oui, la majorité a le droit, de plus le devoir de modifier, ou de se donner la forme de gouvernement qui lui paraîtrait le plus conforme aux mœurs et aux besoins du pays, comme aussi le plus capable d'en assurer l'indépendance, la force, la gloire et la prospérité. Comme elle l'a fait au 2 décembre.

Et je soutiens qu'il n'y a rien au-dessus de la volonté générale librement et régulièrement exprimée; s'il y a en politique un droit antérieur et supérieur à tous les autres, c'est celui qu'a un peuple libre de se donner la forme de gouvernement qui lui convient. Tout ce qui serait fait contre ce droit serait arbitraire, violence, et doit être repoussé par la force comme il l'est par la justice.

DEMANDE.

La République n'est donc pas, en tant que forme gouvernementale, au-dessus de la majorité? elle peut donc lui être imposée? En d'autres termes : la République n'est donc pas au-dessus du suffrage univercel, ainsi que le prétendent les socialistes bicolores, rouges et blancs?

RÉPONSE.

Non, assurément. La République, forme gouvernementale infiniment variable, est le résultat, et non la cause de la volonté générale exprimée par le suffrage universel. Depuis quand un effet est-il antérieur et supérieur à sa cause?... Apparemment depuis que Proudhon a détrôné Dieu. La volonté du peuple s'exprimant par le suffrage universel, librement et régulièrement, ne connaît rien qui lui soit antérieur ou supérieur. Soutenir le contraire, c'est prêcher l'arbitraire.

Il serait étrange que le gouvernement républicain, que la République qui est, avant tout, une forme, un gouvernement de liberté et de libre discussion, ait la prétention inqualifiable de mettre son principe au-dessus de tout contrôle, de tout examen, de toute discussion et comme en dehors du libre arbitre national. Où donc serait la liberté sans l'accomplissement d'un devoir, d'une obligation qui n'auraient pas été librement consentis par les intéressés? Elle ne serait qu'un mot, et nous avons raison de dire : La République sociale, pour laquelle on réclame ce droit d'antériorité et de supériorité qui séduit tant les amateurs du bien public, ne serait, au fond, que le despotisme brutal, renforcé du fanatisme aveugle d'une philosophie anthropophage et mystico-politique qui, à mesure qu'elle étouffe le sens commun, qu'elle dénature le véritable esprit de l'Évangile, s'imagine perfectionner le christianisme, le faire progresser, le mettre à la hauteur du siècle en jetant ses divagations dans ses textes, en mettant ses ombres fétides et mortelles sur sa lumière si pure et si vivifiante.

Comment, messieurs les messies de la chair ! je ne serai libre d'être maître de moi-même qu'autant que votre arbitraire délayé de votre gâchis humanitaire m'aura défini ma liberté, me l'aura mesurée à votre mètre fantastique? En vérité, vous n'y pensez pas !

DEMANDE.

Vous soutenez que la République n'est pas au-dessus du suffrage universel, et cependant vous avez dit : La République est semblable à la vérité chrétienne. Elle ne peut donc donner matière à la controverse. Son droit, c'est ce que soutiennent les socialistes qui l'envisagent comme l'application immédiate de la doctrine évangélique à la société moderne; son droit, dis-je, comme le droit chrétien, est antérieur et supérieur à l'homme, dont République et Christianisme seraient la loi morale et politique?

RÉPONSE.

Oui, si la République dans la bouche des socialistes voulait dire la souveraine justice appliquée à la formation et à l'ordre de la société, tant en morale qu'en politique. Leurs théories sur la religion, la famille, la propriété, ne sont certes pas tirées des maximes de l'Évangile. Et puis quand ils citent juste par hasard, ou pour le besoin de leur cause, quel fond voulez-vous faire sur des hommes qui nient Dieu tout en invoquant Jésus? En agissant ainsi il est aisé de voir qu'ils n'ont en vue que de dérouter le bon sens du peuple, d'exploiter un sentiment religieux que dix-huit siècles n'ont fait que se graver plus profondément dans sa conscience, afin de l'amener insensiblement à l'oubli de toute religion et à l'oubli de celle de

Jésus-Christ. Pierre Leroux n'a-t-il pas la prétention d'éclairer, de réformer, de perfectionner la doctrine évangélique? Selon lui Jésus-Christ a été le précurseur de Luther et de Calvin, et Calvin le précurseur de Pierre Leroux; ce qui met Pierre Leroux au-dessus de Luther, de Calvin et du Christ!... Voyez pourtant où cela peut mener que d'avoir inventé la Triade!...

Quand les socialistes disent : la République est au-dessus du suffrage universel, ils font sonner un mot creux. Ont-ils défini la République qui jouirait de cet étrange privilége? Ils s'en sont bien gardés. Est-ce la République de Platon? une des trente-deux d'Aristote? celle de Sparte, d'Athènes ou de Rome; celle de Venise ou des États-Unis; celle de Cabet, de Lamartine ou de Proudhon; celle de Barbès, de Louis Blanc ou de Caussidière; celle de Ledru-Rollin, de Blanqui, ou celle des bouges, des tapis-francs, des carrières de Trélazé, des fours à plâtre? Qu'on nous le dise.

Nous en conviendrons si par République on entend comme nous réalisation de la souveraine justice; qu'on lui donne le nom qu'on voudra, République, royauté, empire divin et absolu, voire même République démocratique et sociale, elle est de droit antérieure et supérieure à toutes prérogatives humaines, puisqu'elle en est la source, qu'elle les promulgue, les consacre, les fait respecter de tous en même temps qu'elle leur en assure la libre jouissance. Mais on abusera de cette concession de notre part; on dira : Nous pensons comme vous; la République c'est la justice; la justice vient de Dieu; contemporaine du créateur, elle est comme lui antérieure et supérieure à toute institution humaine!

— Fort bien; mais, messieurs les socialistes, vous niez Dieu; votre République ne vient donc pas de lui, elle vient de vous, et vous êtes loin, bien loin d'être antérieurs et supérieurs à quoi que ce soit.

Ce qui est antérieur et supérieur à tout, c'est ce qui n'a pas été créé, ce qui existe avant tout, en dehors de toutes les choses visibles et invisibles. Ainsi est la justice. Elle est une, indivisible; elle ne change ni selon les temps, ni selon les lieux, ni selon les circonstances des temps et des lieux. Elle reste une dans son essence incréée. Elle n'est pas une forme arbitraire, bornée, un mode d'être variable; et le mot qui l'exprime ne se prête pas aux subtilités d'une interprétation sophistique : il représente ce qu'elle est réellement sans ambages; il fixe ce qu'elle doit être pour trouver écho dans la conscience humaine, son miroir. Comme la sagesse éternelle, elle est avant tout; elle a présidé, en Dieu, à tout ce qui a été fait, à tout ce qui existe. Elle est venue dans le monde le jour où le premier homme est sorti des mains de la création pour habiter la terre et la soumettre à sa loi.

La justice n'est pas une abstraction métaphysique. En est-il de même de ce que nous appelons République? Le mot qui en exprime l'idée est-il la véritable expression de sa nature, de son essence? Ne se prête-t-il pas à toute l'élasticité des interprétations variées des diverses écoles politiques? Et peut-il donner la conscience d'une chose absolue, antérieure et supérieure à toute agrégation d'hommes réunis pour vivre en société? Ne voit-on pas, au contraire, qu'il n'exprime qu'une forme, un mode d'être variable à l'infini, suivant les idées confuses de justice, les intérêts, les préjugés, les mœurs des différents législateurs des peuples qui se sont préoccupés de l'organisation d'une chose publique en rapport avec les notions plus ou moins justes qu'ils avaient de cette même chose publique? Et d'ailleurs comment une institution qui, selon les socialistes, avait sa racine dans le cœur humain, comme droit imprescriptible, a-t-elle été précisément celle à laquelle les hommes aient songé en dernier? Je remonte aux temps fabuleux, et je ne trouve pas la moindre trace de République sociale : il est vrai qu'alors la Triade n'était pas découverte, et que les Proudhon de ce temps-là préféraient disputer leur pitance à coups de bâton qu'à coups de banque du peuple !

Si les hommes étaient tous mus dans leurs actes par la souveraine justice, si toutes les actions, toutes les pensées étaient également mesurées par elle et sur elle ; si tous les rapports que les hommes ont entre eux étaient basés sur l'accomplissement sincère et entier de ses lois, en quoi, dites-moi, auraient-ils besoin d'une autre forme, d'un autre mode d'être politiquement et socialement groupés que sous une constitution qui garantirait d'aussi grands résultats, d'aussi précieux avantages? Que deviendraient les ambitieux, les faux docteurs si la République qui contient tous ces bienfaits en germe devenait l'idole du peuple? Et bien certainement le peuple éclairé, moralisé au flambeau de la justice marcherait promptement à ce but sous les auspices de la vertu ; mais la vertu veut des sacrifices ; elle ne permet d'acquérir que par un travail opiniâtre, long et difficile. Le peuple en est capable ; les ambitieux qui le perdent, eux, n'ont pas le temps d'attendre.

La forme la plus parfaite comme la plus désirable de gouvernement sera celle où la justice garantira le plus efficacement la liberté. Que ferait à la bonté, à l'efficacité des institutions le mot RÉPUBLIQUE s'il n'était qu'un mot pompeux dont se contenteraient les ignorants, qui, sans s'en douter, feraient par leur soumission aveugle les affaires des fourbes et des intrigants. Et nous répétons que sans liberté il n'y a ni morale ni dignité pour les citoyens, et par conséquent pas de justice? Où donc serait la République si, à l'aide de ce mot prestigieux, on veut m'imposer une autorité mensongère ; si je vois que ce mot n'est qu'un prétexte pour expérimenter *in anima vili* les vieilles théories cent fois condamnées par l'expérience des siècles passés ; si ces théories sont non-seulement absurdes, mais immorales, anti-humaines, alors ma dignité d'être moral et libre se révolte, et rejette l'utopie et les utopistes ; alors aussi mon droit imprescriptible, mon droit de peuple souverain, droit qui suppose la dignité, mon droit d'électeur, qui implique celui de ma capacité, repousse l'arbitraire sous quelque nom qu'on veuille me l'imposer. Mon suffrage éclairé et libre renverse la forme, et fait acte de justice autant que de bon sens, et non de rébellion. Que signifierait donc le proverbe : *La voix du peuple est la voix de Dieu*, s'il suffisait de vingt songe-creux, docteurs en communisme, de mille baïonnettes recrutées dans les bouges et les carrières, de quelques fusils tonnant au milieu des cris d'une capitale livrée au pillage et à l'incendie et de cent bourreaux en bras nus pour obliger, pour forcer par la terreur ce même peuple souverain à courber la tête sous la hache des violateurs de ses droits, des usurpateurs de sa puissance suprême?..

DEMANDE.

Enfin, expliquez-nous l'importance de la justice en morale comme en politique?

RÉPONSE.

Pour voir et sentir cette importance il suffit de lire et d'examiner : lire l'histoire des premières sociétés humaines; examiner ce qui s'y passa tant que la justice fut méconnue. Esclavage sous la forme brutale, abrutissement par la misère, lutte incessante du fort contre le faible, tels sont les caractères dominants de cette période historique. Il faut également examiner ce qui se passe de nos jours chaque fois que la justice est dédaignée. Moralement, qui sera reconnaissant s'il n'est juste? Qui ne jette pas le citron après en avoir exprimé le jus? Qui n'abat pas le cheval qui ne peut plus lui servir pour la course ou le harnais ni pour tourner la meule? On a beaucoup crié, dans ces derniers temps, contre l'exploitation de l'homme par l'homme : qui a le plus exploité son semblable que ceux qui ont fait mettre ces mots vides de sens sur les drapeaux de l'émeute enrégimentée, soldée, excitée au profit de leur haine et de leur ambition. Le peuple voudra-t-il voir clair? Où est l'abeille qui fasse et mange son miel depuis que l'avidité et la fourberie lui ont prêté une ruche à la place du tronc d'arbre ou de la fente du rocher? — Pauvre petite abeille!.. ma sœur, a dit le fourbe, quoi! n'as-tu que ce trou, où s'engouffrent le vent et l'orage qui fondent sur le miel si doux que tu distilles et l'emportent dans les ravins qu'ils creusent dans la vallée? Viens avec moi; j'ai une maison commode à te donner, tu n'y craindras ni le vent, ni la pluie, ni le frelon qui pille ton miel. — Et l'abeille confiante va dans la ruche. L'on sait comment le reste se passe. Qui me montrera la reconnaissance? La justice exige impérieusement la reconnaissance! mais, bah! dire cela aux habiles, c'est leur faire injure. Prenez garde! ils s'en vengeront.

Et si l'on est injuste, sera-t-on probe? Respectera-t-on le bien d'autrui quand l'occasion se présentera de le saisir ou de le retirer par ruse et finesse, ou par tout autre moyen non passible de répression ordonnée, déterminée par un article du Code. Où est le frère qui ne trompera pas son frère, l'ami son ami, le tuteur son pupille, le voisin son voisin, l'homme d'affaires son client, le marchand son acheteur, le député son commettant, si la justice ne trône pas en souveraine dans les consciences avec la bonne foi et la probité, ses satellites obligés? En politique, l'injustice vendra les armées, les victoires, les cités, les peuples : on vendra les places fortes, les droits, les honneurs, la gloire, la liberté, la patrie! Et ni moralement ni politiquement aucun marché ne sera sûr ni fidèle.

Montrez-moi un homme ayant beaucoup d'argent qui ne soit pas obligé de regarder constamment autour de lui. Où est la bonne foi? Où est l'homme esclave de sa parole? Folie! folie! disent les gens qui exploitent l'ignorance, ceux qui vivent de fourberies : le peuple est trop corrompu pour être juste! Mensonge! Le peuple aime la justice, mais on lui met un bandeau sur les yeux pour qu'il ne la voie pas. Il ne la connaît pas assez, c'est possible ; et comment la connaîtrait-il quand, loin de lui enseigner à être juste, les docteurs du socialisme l'inondent de mensonges et l'entraînent dans leur bourbier fangeux. On ne corrompt le peuple qu'en le flattant, le trompant, qu'en nommant devant lui l'injustice Justice! Ces apôtres de ténèbres infectent ses pensées quand il invoque la lumière ; ils faussent son intelligence et gâtent son cœur quand il demande de la fraternité. Un flambeau pour m'éclairer, dit le peuple, et on lui donne une torche. Il demande l'égalité : Prends ton fusil, dresse la guillotine, lui répondent les socialistes, et fais-la toi-même. D'un peuple généreux et ami de la justice les socialistes feraient une horde sauvage et cruelle, marchant dans le sang jusqu'aux genoux pour conquérir. — Quoi? — Le despotisme par le carnage, la misère, le pillage et la dévastation!.. Oh! non, jamais!..

VI.

L'ORGUEIL.

———

DEMANDE.

Qu'entendez-vous par orgueil et quelle est l'essence de cette nouvelle vertu ?

RÉPONSE.

L'orgueil, vertu primordiale républicaine, n'est pas la *superbia*. La superbe n'est qu'une opinion trop avantageuse, exagérée de sa personne, avec mépris des autres. Ce n'est pas non plus cette insupportable vanité de se croire au-dessus de tout le monde par son mérite, sa fortune, sa naissance, son éducation et même par la beauté ou d'autres avantages physiques : non, l'orgueil dont je veux parler est cette juste estime, ce profond respect de soi-même et des autres qui ne permet aucune parole, aucune action contraire à la dignité d'un être moral, libre et capable de mérite et de démérite. Cet orgueil est une vertu éminemment républicaine, puisqu'il prend sa source dans un juste et noble sentiment de l'excellence de notre nature. Ce sentiment, qui n'est autre que celui de la dignité humaine, doit être éveillé, stimulé, agrandi dans toutes les consciences par les moralistes ; car il a un vaste emploi en morale, il est le pivot d'un grand nombre d'idées de justice et de droit naturel ; en lui réside la sauvegarde de chaque homme mêlée à dessein par Dieu dans les éléments de notre vitalité propre pour repousser l'injure : il devient aussi un mobile de force, de vertus, de puissance, de travail, de génie. Ce n'est qu'arrivé à ce haut degré de développement que ce sentiment réfléchi prend justement le nom d'orgueil, vertu républicaine.

DEMANDE.

Un tel orgueil, pour mériter ce nom, n'a-t-il pas besoin d'être contenu dans certaines limites ?

RÉPONSE.

Assurément. Pour que cet orgueil devienne éminemment bon et moral, pour qu'il soit réellement une vertu, il faut, de toute nécessité, le contenir dans les bornes de ce qui est juste. L'orgueil qui méprise, opprime, hait les autres est un vice odieux, que la morale chrétienne a justement classé parmi les péchés capitaux, parce qu'un semblable orgueil offense la fraternité et la charité, si vous aimez mieux, la justice, qui est la reine et le *criterium* de toutes les vertus ; c'est la justice qui marque les droits réciproques et qui contient les meilleures qualités dans les limites au delà desquelles elles perdraient leur efficacité morale. L'orgueil républicain saura qu'il lui est seulement permis de méditer son élévation au-dessus des autres par le principe d'une féconde émulation, par le désir brûlant de l'estime publique et, s'il est possible, de la célébrité.

DEMANDE.

Réfléchissez que le désir de la célébrité est le père de bien des folies, sans compter celles des philosophes socialistes, et qu'il pourra faire sortir des bornes plus d'un républicain. Combien de scélérats même n'ont été mus que par le vain désir de la célébrité !

RÉPONSE.

Je sais que le désir de la célébrité peut créer des Cabet, des Considérant, des Louis Blanc, des Pierre Leroux, des Proudhon, des Félix Pyat ; mais que fait au monde la célébrité d'Erostrate, de Triboulet ou de Turlupin ? Fieschi aussi est immortel comme Lacenaire, comme tant d'autres dont ils n'ont fait que mettre les doctrines en pratique. Les vrais républicains ne redoutent rien de l'amour enthousiaste de la célébrité, parce qu'ils préféreront toujours, ainsi que l'exige impérieusement la morale, la vertu à la gloire. Il leur faut leur estime avant l'estime publique. Sans vertus ils ne s'estimeront pas quand bien même ils s'élèveraient au-dessus de tous, qu'ils coucheraient sur un lit de lauriers et que tous les esprits se prosterneraient devant le leur en l'appelant génie !..

— Les prenez-vous pour des républicains les héros de *Risquons-Tout et de Trélazé?*

DEMANDE.

Quelles sont les qualités essentielles de l'orgueil républicain ?

RÉPONSE.

Né du sentiment de la dignité humaine, basé sur la vertu, conduit par la justice, l'orgueil est fort, indomptable, sublime, bienfaisant, entreprenant, capable des plus belles actions et des plus excellentes choses.

DEMANDE.

Quel est le résultat de cet orgueil ?

RÉPONSE.

C'est de communiquer une plus grande vigueur à nos facultés, d'élargir notre esprit, d'ennoblir le cœur, de commander la vertu, de conduire au dévouement, à l'héroïsme, de trouver des prodiges dans les sciences et les arts. C'est cet orgueil qui gagne les batailles, qui écrit l'histoire héroïque des enfants de la patrie, enfante les poèmes, inspire les grands peintres et les mille choses qui font la gloire, la prospérité et les jouissances d'une grande nation, d'un peuple libre et véritablement digne de l'être. Heureux le peuple dont l'esprit national a pour aliment ce noble orgueil ; il prospérera et s'enrichira ; il deviendra le flambeau des autres peuples, il combattra pour la justice, et vaincra ses ennemis du dehors après avoir écrasé ceux du dedans, et il jouira de la plénitude de ses droits, de sa liberté en inscrivant son nom en lettres d'or au livre de l'immortalité !

Au contraire, le peuple qui se laisse corrompre par le mensonge et la vanité, qui bouche son oreille aux conseils de la morale ; ce peuple-là se livre fatalement au premier intrigant qui flatte ses mauvais penchants pour lui mettre plus facilement dans la bouche le mors de la servitude ; il perd le sentiment de sa dignité, il se fait humble devant la violence après s'en être fait le complice. La justice et l'orgueil de la justice, qu'il méconnaît, lui retirent leur force, l'abandonnent, le laissent museler dans la fatigue, la misère et le mépris !

Par son aveugle confiance en des fourbes, par la cession inerte de son droit à des utopistes, à des ambitieux sans principes, sans moralité, à des scélérats athées de profession, qui ne voient en lui qu'un aveugle instrument de fortune, que le peuple de la France sache bien qu'il compromet les droits et la dignité de ses frères et l'honneur de la patrie ! Ces droits, l'utopie ira les investir aussitôt que la crédulité du peuple aura encouragé l'agression de degré en degré ; sur l'échelle socialiste, iront s'abîmer la dignité et le droit naturel de l'homme ; le peuple, machine à fusils, périrait sous ces mêmes fusils qui auraient amené le triomphe de ses flatteurs.

Aujourd'hui personne ne peut se tromper sur la valeur de l'utopie socialiste dont le dernier terme est le triomphe de la barbarie sur la civilisation. Cela n'a plus besoin d'être prouvé. C'est clair comme le jour. Les meilleures preuves sont dans les insurrections fomentées par les socialistes. C'est donc avec raison qu'on dit et imprime ce que répètent toutes les âmes honnêtes : LE SOCIALISME NE SE DISCUTE PAS, C'EST UN MONSTRE QU'ON ABAT !...

DEMANDE.

Les socialistes ne pourraient-ils pas, eux aussi, invoquer l'orgueil dont vous parlez comme moyen de faire triompher leur doctrine et de la rendre féconde ?

RÉPONSE.

Ai-je besoin de répondre à la question que vous venez de me faire ? Ne voyez-vous pas que l'orgueil est impossible dans le socialisme : à peine y a-t-il place pour la vanité, il y a encore moins de place pour l'orgueil républicain. Comment y deviendrait-il la base, le soutien, le développement du socialisme, puisque cette utopie sauvage a pour but l'inertie dans l'égalité bestiale, la mort morale de la société, en admettant, ce qui est faux, qu'elle n'en soit pas la ruine complète ? Son gouvernement, aussi impossible que l'admission de son principe, ne serait, ne pourrait être que le despotisme dogmatique, avilissant de l'instinct animal, contre la révolte du sentiment de la dignité humaine. Un seul atome de l'orgueil républicain y serait poursuivi comme le plus puissant dissolvant de la suprématie autocratique des supérieurs, dont l'obéissance passive des frères socialistes serait l'unique garantie. Réfléchissez que l'orgueil républicain ne peut naître, grandir, se fortifier, devenir puissant, fécond, que sous un gouvernement libre. Tandis que la République démocratique et sociale, c'est la négation la plus manifeste de la liberté ; c'est le renversement du droit individuel en faveur de la suprématie arbitraire des directeurs, des supérieurs, des grands-prêtres de l'ordre.

L'égalité dont on berne le peuple, qu'on lui montre là plus parfaite qu'ailleurs, n'y serait que l'ignoble aplatissement de toutes les facultés, de toutes les puissances intellectuelles et morales d'une troupe d'idiots au profit d'un conclave de fourbes s'engraissant de leurs dépouilles. C'est dans le socialisme surtout que l'orgueil serait un péché capital. On l'y poursuivrait comme un crime de lèse-omnipotence, de lèse-infaillibilité des souverains-pontifes, des perfectionneurs de l'Évangile. La cour des dévots, des fanatiques et cafards de la religion socialiste, qui crie si fort contre l'intolérance chrétienne, dépasserait bientôt l'intolérance des plus mauvais jours, et le peuple de la terre qui hait le plus les Tartufes serait obligé d'être le très humble serviteur des Escobars socialistes.

DEMANDE.

Si la majorité du pays décrétait cette forme de gouvernement, que feriez-vous?

RÉPONSE.

A votre tour, si les Français devenaient lépreux ou enragés, que feriez-vous? — Vous fuiriez les lépreux et les enragés, et vous feriez bien. Si la majorité était atteinte de la lèpre du socialisme, je ferais ce qu'on fait en temps de peste. Je combattrais le fléau de toute la force de ma plume, dussé-je succomber martyr de mon dévouement à ma patrie!

Oui, si par impossible, le peuple français, cette lumière du monde, abdiquait son vieil honneur, sa gloire toujours nouvelle, sa prépondérance civilisatrice, s'il donnait à l'univers le spectacle effrayant d'une horde de sauvages ravalés à l'instinct de la brute, satisfaits de l'étable et du râtelier, piaffant dans leur ignominie et heureux de se vautrer, sans plus de souci que le porc, sur la litière socialiste; si jamais tant de honte pleuvait sur mon noble pays, si je ne mourais comme Caton, je voudrais succomber comme Socrate. Je boirais la ciguë socialiste en proclamant l'immortalité de la liberté et de l'orgueil national français!..

Mais, ni Dieu ni le peuple ne voudraient pas que cet orgueil si vivace, si imprégné de gloire et d'honneur, que cette âme si intelligente, si libre, si fière de sa justice, si noble, si enthousiaste du grand, du beau et du vrai, s'avilît aux étables des parqueurs d'hommes !.. Ainsi, prêchons donc sans cesse l'orgueil, cette noble vertu républicaine. Faisons lever son soleil radieux sur la France, et il dispersera les fantômes trompeurs du socialisme aussi facilement que le soleil de Dieu dissipe les ombres de la nuit.

VII.

DE LA MODESTIE.

Qu'est-ce que la modestie?

La modestie est un vêtement d'une teinte douce;
le sage ne sort jamais sans en être revêtu; il ne porte
point d'autre marque distinctive. La vertu n'a pas
d'autre temple que la modestie. La modestie est une
sage retenue dans la conduite, une grande sincérité
et une sublime simplicité dans les discours en parlant de soi, jointe à une exquise politesse et à une
déférence sans bornes envers les autres. La modestie
est l'opposé de la vanité, la compagne de la fraternité et de la justice, puisqu'elle est affable, préve-
nante, agréable, salutaire et utile à tous.

DEMANDE.

Citez-nous quelques traits de modestie propres à caractériser cette vertu?

RÉPONSE.

Ledru-Rollin est plein de lui-même, arrogant, s'estimant au-dessus de tous, s'appropriant tous les droits, foulant aux pieds ceux des autres, dévoré de l'envie de la domination, à quelque prix que ce soit, par quelque moyen que ce puisse être ; de l'étranger il insulte la France, exige beaucoup de soumission et d'infériorité ; il vous dédaigne, ne connaît aucune règle de justice et de vertu que celle qu'exige son ambition. Si Ledru-Rollin passe dans la rue, son regard altier menace le ciel, son talon foule la terre avec bruit. Il semble dire : Regardez-moi, je suis Ledru-Rollin !.. A la tribune il se drape dans son patriotisme de commande, son œil étincelle, sa voix mugit, sa bouche écume ; il parle patrie, honneur, gloire, liberté, indépendance, progrès, affranchissement des peuples, comme ferait l'homme le plus convaincu. Sa phrase est sonore, sa voix stridente comme le bruit de l'acier qui mord le roc, son geste est celui du Jupiter-Olympien ; il tonne, éclate contre les félons réactionnaires, bourgeois corrompus, les ministres, les traîtres du lendemain. D'une main il fait vibrer le tocsin de l'insurrection, de l'autre il secoue la torche incendiaire qu'il remet à ses féaux républicains !

Eh bien ! Ledru-Rollin n'a pas l'orgueil républicain, il n'a que la vanité du tribun. Il a l'air hautain, la démarche fière, la parole impérieuse, le regard insolemment scrutateur ; son approche semble dire : Qui est-ce que celui-là ? Non, Ledru-Rollin n'a pas d'orgueil, il rampe sous le maître qu'il a créé, l'anarchie ; son âme est envieuse, mercenaire, malfaisante. C'est un homme bouffi de vanité, mais d'orgueil national, point ! Que la justice parle par la voix du peuple, Ledru-Rollin prend une blouse et se sauve par un vasistas à la voix du peuple.

Triadin a les cheveux et la barbe incultes. Sa démarche est mesurée ; son œil ascétique semble plonger dans les profondeurs de la plus sublime métaphysique. Cependant Triadin est matérialiste. Triadin semble penser. Il veut que l'on croie qu'il pense ; il écrit sur son front : JE SUIS UN PENSEUR !.. Triadin semble sentir, et Triadin met une large bande de parchemin sur son cœur ; il écrit sur cette bande : TRIADIN EST ÉMINEMMENT SENSIBLE !..

Les misères du peuple déchirent les entrailles de Triadin. Il en oublie le soin de se laver, ce qui lui donne l'air profondément affligé. Pour un rien il se couvrirait d'un sac et mettrait de la cendre dans ses cheveux, si cette pommade biblique pouvait ajouter quelque chose à la *lamentabilité* de sa physionomie isaïque.

Triadin est républicain de naissance, ce qui ne me surprend pas ; mais si du pain et du cresson suffisaient à un Spartiate, Triadin suppose que c'est uniquement

parce qu'il faisait trop chaud à Sparte pour manger
de la viande comme le premier phalanstérien venu;
Triadin n'est pas Spartiate et voilà qui m'étonne. Si
quelque chose peut me consoler de cette douloureuse
surprise de ne pas voir Triadin spartiate, c'est de savoir que ce n'est pas sa faute, mais celle des physio-
logistes et des médecins. Les médecins et les physio-
logistes ont osé dire à Triadin : Le Français ne vit
pas seulement de philosophie socialiste, de pain et de
cresson, mais de beefteacks et de côtelettes qui pendent à l'étal du boucher. Depuis ce moment Triadin
se sent défaillir chaque fois qu'il aperçoit le moindre
morceau de viande. Il songe avec douleur, que sur
trente-six millions de Français, il n'y a guère que lui
et quelques *vingt-cinq-francophages* de son école, qui
doivent à la révolution de 1848 l'inestimable avantage
de manger un beefteack ou de sucer une côtelette,
dont cette même révolution a privé tant de Français tout aussi peu Spartiates que lui. En 1848 donc,
il aurait été tenté d'abandonner ses vingt-cinq francs
par jour pour leur procurer la satisfaction de ce besoin impérieux de manger du roastbeef, si son grand
amour de la légalité ne lui avait alors démontré envers et contre toute sensibilité humanitaire, que
cela serait *inconstitutionnel*. Il a gémi sur cette dure
nécessité, il s'est résigné à garder ses vingt-cinq francs,
il ne les aurait pas même donné à Proudhon pour
faire *son mardi-gras révolutionnaire*, tant il est ferré
sur les vrais principes de *la Sociale!*

Comment en vouloir à Triadin? Quand Triadin gémit, soupire, se lamente, fond en pleurs, lâche la bonde à sa *sentimentalité;* quand, avec des larmes dans la voix, il dépeint le sort affreux de ceux qui ne mangent pas de beefteacks; on est si attendri, tellement pénétré de l'onction humanitaire du panthéiste Triadin, qu'on pleure et suffoque avec lui, qu'on lui voterait encore aujourd'hui et d'acclamation un supplément de solde pour le pathétique de ses jérémiades, l'éloquence homérique de son geste, la fraternité béate de son regard, la modestie monacale de sa pose, et le larmoyant de son expression!

Et cependant, ô mystère des mystères, TRIADIN-ISAÏE, l'Isiaque-Triadin, tel que vous le voyez confit d'humanité, d'amour, d'enthousiasme pour la vertu malheureuse, Triadin a la toute petite prétention de rhabiller à neuf la doctrine évangélique; il veut changer le drap et la coupe pour mettre l'habit à la mode. O sublime et trois fois grand tailleur! que ne changez-vous de chemise? Votre modestie n'y perdrait rien, et votre philosophie, pour être un peu mieux enchemisée, n'en serait pas moins socialiste. La crasse n'est-elle donc que l'apanage obligé de la modestie sociale?.. Triadin! songez-y, le peuple de France sifflerait Caton sous un manteau crasseux, Caton fût-il cent fois plus modeste que PIERRE LEROUX!

La vanité est un grand vice; c'est d'elle que la loi chrétienne a fait un péché capital sous le nom d'orgueil; cet orgueil n'est pas l'orgueil républicain, mais celui dont parle saint Paul dans sa prédiction des mauvais jours et dans laquelle il semble avoir pressenti les choses et les hommes de ce temps-ci.

En procédant par contraste, je vous ai montré un homme vaniteux et un autre drapé dans une fausse modestie : voici le portrait d'un homme modeste, je l'ai trouvé tout fait :

« Ariste est modeste. Dans la rue, allant à ses
» affaires, à la promenade, en visite, il marche comme
» un autre, sa tenue est décente, gracieuse même,
» du moins il tâche qu'elle soit telle, mais sans pré-
» tention, sans affectation, toutefois il a l'air libre et
» sans crainte ; il ne brûle pas le pavé, il n'appelle
» pas sur lui les regards comme s'il était à lui seul
» un événement. Il va et vient, à pied, à cheval, en
» voiture, peu importe, il ne coudoie, n'éclabousse,
» n'accroche nulle part effrontément ceux qu'il ren-
» contre. S'il y a quelque chose de bizarre, de tou-
» chant, de curieux sur la place, il se mêle à la foule,
» car il est peuple, il se laisse pousser, presser, en-
» tasser vulgairement, sa tête passe par dessus l'é-
» paule de son voisin.

» Rencontrez-vous Ariste chez lui, ou chez son
» ami, il n'a rien de frappant, rien de remarquable ;
» il n'affecte ni manie ni préoccupation. Il reste ce
» qu'il est, un peu bavard parce que tel est son carac-
» tère, il pourrait être aussi bien silencieux, si son
» naturel le portait à être silencieux ; il ne dépense
» pas d'esprit selon que vous l'attendiez d'un homme
» de son mérite ; il ne pense même pas à en avoir,
» ne cherchant ni à briller, ni à déclamer ce qu'il a
» appris dans des livres. Sa manière est simple, com-

» plaisante, elle fait ressortir les autres au lieu de
» tendre à le poser lui-même sur le pinacle. Au fond,
» il s'estime, et il aurait tort de ne pas s'estimer ;
» souvent même il se connaît plus de talents ou de
» vertus qu'à beaucoup d'autres personnes envers
» lesquelles il est plein de déférence, il n'en a pas
» vanité. Il aime autrui, le traite en frère, et lui
» laisse volontiers le dé dans la conversation.

» Je lui connais un tout petit défaut dont il s'efforce
» de se corriger, c'est une pointe de timidité. Il rou-
» git il se guinde, se tait, s'embarrasse trop aisé-
» ment. Les sots, les envieux en abusent ; il a quel-
» quefois aussi le cœur meurtri, il ne peut supporter
» le mépris. On a dit, un jour, en son absence, que
» la timidité était un raffinement de vanité ; pur so-
» phisme ! car l'homme timide montre qu'il se défie
» de lui-même, l'homme arrogant qu'il fait grand cas
» de soi, et dédaigne les autres. Quant à l'amour-
» propre de craindre le dédain et la raillerie, ou le
» ridicule, il est louable et n'empêche pas la mo-
» destie. »

La modestie est la vertu d'un vrai républicain, car
elle rehausse l'éclat de toutes les autres vertus qui
font le bon citoyen, le bon fils, le bon époux, le bon
père. La modestie est le cachet du véritable mérite.

VIII.

DE LA SOBRIÉTÉ.

Qu'est-ce que la sobriété ?

C'est la tempérance dans le boire et le manger jointe à la frugalité.

Pourquoi faites-vous de la sobriété une vertu républicaine ?

Parce qu'un vrai républicain doit avoir toutes les vertus enseignées par la morale et la saine raison, et ensuite parce que la sobriété est la mère d'une foule de qualités indispensables à tout homme, ne fût-il

pas républicain. J'ajouterai que si l'intempérance et
la débauche, compagnes de la tyrannie, ont ruiné les
États les plus florissants, la sobriété a constamment
contribué à assurer la prospérité croissante des plus
faibles. La sobriété est la source de la fortune publique et privée. Elle est la seule richesse du peuple, la
sauvegarde de la paix, de l'union et de la concorde,
sans lesquelles les familles, les sociétés, les gouvernements périraient misérablement. Elle est, comme
l'économie sa sœur, le premier bénéfice d'une maison,
la sentinelle avancée de l'ordre et la prospérité des
familles. Un peuple à jeun est mutin, mangeur il est
esclave, sobre il est libre ! Ainsi, pour être républicain, il faut être sobre d'aliments, de plaisirs, et en
révolution de paroles.

DEMANDE.

Mais, si l'on juge les socialistes par leur théorie
sur la satisfaction complète des passions, il est certain qu'ils ne pensent pas que les républicains doivent
vivre comme des anachorètes ?

RÉPONSE.

C'est que les théories des socialistes, s'appuyant
toutes sur le matérialisme, n'ont pour objet que la
satisfaction de la matière par l'abondance de la matière, et qu'elles ne s'adressent pas au sens moral du
peuple, mais aux instincts grossiers et aux passions
mauvaises de la populace.

Les socialistes, comme cela ressort de tous leurs

écrits, posent en principe que la satisfaction toujours plus complète, plus confortable, plus raffinée des passions de l'homme, est le seul but de la vie de l'homme. L'homme, dans les systèmes socialistes, n'est considéré que sous le point de vue de sa nature animale, la seule que les philosophes de l'école lui reconnaissent : c'est une poussière fortuitement animée, qui doit redevenir poussière inerte, et n'a rien de mieux à faire, n'a pas de plus noble destinée providentielle, que d'embellir de plus en plus son court passage dans la vie par tout ce qui peut satisfaire et charmer les sens. Je le dis, sans crainte d'être démenti, le sensualisme de Fourier, que des hommes aveugles ou pervers veulent faire passer pour le véritable Messie promis à l'humanité, est le fond commun de toute la doctrine socialiste. C'est le thème sur lequel chaque chef de secte varie ses *fioritures* sans rien changer au fond. Dans cette doctrine, le sensualisme est le moyen et la fin. Tout le progrès humain y consiste à conquérir la plus grande somme de bien-être matériel, la réalisation surabondante de tous les besoins vrais ou factices qui naissent d'un instinct purement animal, et livré à ses penchants les plus déréglés. Un chaos de passions se heurtant avec frénésie aux moyens de se satisfaire, telle est l'harmonie d'une république sociale jouissant à grand orchestre !

On écrit ces choses-là, on les imprime, on demande des sommes énormes pour les répandre, on trouve des sots pour payer les frais de pareilles utopies car-

navalesques, et on n'est pas enfermé à Charenton !
Le jour où les portes de cet utile établissement se
rouvriront pour les fous furieux, Cayenne ne se
rouvrira plus pour les faiseurs de barricades socialistes et autres, le ridicule remplacera le martyre politique. De ce jour-là, la patrie sera sauvée.

Certes, si l'on suppose l'humanité arrivée à cet
idéal de perfection sociale qui enflamme tant de cerveaux malades, à la parole de tant de fourbes ; je
m'imagine que la sobriété, loin d'être une vertu, ne
sera plus qu'une faiblesse, une infirmité, une mala-
die terrible, le plus grand de tous les fléaux pour les
malheureux valétudinaires que leur tempérament
condamnerait, sous peine de mort, à l'abstinence de
ce qui pourrait seul faire le bonheur des socialistes.
Ils seraient exclus fatalement de ce PARADIS-TERRESTRE
du boire et du manger, de cet Eldorado de la jouissance où le spectacle irritant de la possession des
autres serait le plus grand supplice, celui de Tantale ;
et si dans la société actuelle on dit que les pauvres
sont les damnés de ce monde, que seraient, dans les
phalanstères, les malheureux privés d'une capacité
et d'une énergie stomacale à ingérer et à digérer cinq
repas abondants et succulents par jour, sans compter
les petits régals intercalaires ? Ainsi, n'est-ce pas
pour les républicains laborieux et sobres que les socialistes font si complaisamment reluire leur batterie
de cuisine, étalent si pompeusement l'abondance, la
variété et le choix de leurs plats, de leurs vins et de
leur limonade océanique. Les maîtres ne sont pas si

fous que d'aller ne mettre sous le filet que du pain et de l'eau! Quand on veut prendre des oiseaux on met dans le trébuchet la graine qui les affriande le plus. Le moyen de convertir à de si folles rêveries, d'attirer à soi, de prendre dans ses rets des sensualistes ou de pauvres diables privés de tout, le plus souvent par leur paresse, avec du pain et du fromage? mieux vaut cent fois l'appât d'un couvert éternel, où les forces constamment retrempées permettent aux bienheureux étourneaux d'être infatigables dans la satisfaction d'un appétit constamment aiguillonné, toujours renaissant, comme dans celle, non moins séduisante, de tous leurs penchants, de toutes leurs passions. Parlez-moi de ça, voilà un appât irrésistible, un piége bien tendu. LES SOCIALISTES BICOLORES savent bien qu'on ne prend pas des mouches avec du vinaigre, ils ont abondamment emmiellé les bords du vase, amplement garni leur ratière de lard ; mais ni le travail, ni la sobriété n'iront s'y faire prendre. Le travail a trop d'orgueil, la sobriété est trop sûre d'elle-même et du bonheur sans mélange qui lui est réservé, elle voit l'anneau qui l'étrangle sous le lard qui le cache, elle n'y fourrera pas sa tête.

DEMANDE.

Les banquets fraternels des socialistes, renouvelés des agapes des premiers chrétiens, ne sont pas de somptueux repas où la sobriété ne puisse prendre part, à en juger par les mets qu'on y sert?

RÉPONSE.

Je nie que les banquets dits fraternels des socialistes soient semblables par la forme et le fond aux
agapes des premiers chrétiens ; que des docteurs en
barricades le disent, que des niais le croient, c'est
possible. Les disciples de la doctrine de Jésus-Christ
ne se réunissaient ainsi dans un repas en commun,
que pour se fortifier dans la foi et la charité, dans
l'amour de la paix et de la concorde, dans la pratique
de toutes les vertus publiques et privées qui font les
bons chrétiens et les bons citoyens ; mais ils ne man-
geaient ni ne buvaient ensemble pour s'exciter mutuellement à la haine les uns des autres, à celle du
pouvoir ni des autorités établies. La première de
leurs lois était le respect et la soumission à César :
on n'y faisait pas de discours suivis de toasts à la destruction des citoyens les uns par les autres ; l'on n'y
prêchait pas l'anéantissement de tout sentiment religieux, de la famille, de la propriété légitime, comme
choses attentatoires aux droits de l'homme ; encore
moins y faisait-on des collectes pour se procurer des
armes pour faire triompher ses vœux et ses espérances
fratricides.

J'ai vu cent banquets fraternels, et cent fois j'ai
vu les mêmes *fricoteurs* socialistes qui se plaignent
sans cesse qu'ils n'ont pas de travaux, de ne rien gagner pour nourrir leurs femmes et leurs enfants, et
qui toujours avaient un franc vingt-cinq centimes au
service du premier repas fraternel venu, ce repas fût-

il répété sept fois par semaine. Que j'en ai connu de ces braves citoyens, de ces purs des purs, de ces démocrates confits dans la fraternité, et du même bras qui venait de porter si fièrement à leurs lèvres la coupe remplie et bue à l'indépendance du monde ! battaient leurs amis, leurs voisins, leurs femmes, leurs enfants, et, chose horrible, leur père ou leur mère qui leur reprochaient de rentrer ivre !..

DEMANDE.

Ces actes honteux et criminels peuvent être reprochés à tous les ivrognes ?

RÉPONSE.

Sans doute ces excès détestables peuvent être le fait de tous les ivrognes ; mais tous les ivrognes n'ont pas la prétention d'être des républicains, tandis que tous les banqueteurs socialistes se targuent d'être des républicains pur sang, des démocrates humanitaires, première qualité. Cette absûrde prétention de leur part mise en regard de leur infâme conduite, me suffit pour affirmer qu'ils n'ont pas même l'idée de ce que c'est que la République et un républicain. Comment en auraient-ils l'idée ? Citez-moi un seul chef de secte socialiste, un seul propagateur de la doctrine, qui ait, ce qu'on appelle, vidé son sac et mis sur table ce qu'il y a au fond ?.. Tous, en s'adressant au peuple, ont tenu ce langage : « Les riches ont tout, peuple ! » tu n'as rien ; ce n'est pas juste. La République so- » ciale, c'est la justice. Le riche n'est rien, et tu es

» tout. Le riche est ton oppresseur, il s'est emparé de
» tous tes biens, et il les retient injustement. Accom-
» plis la justice en allant reprendre ce qui t'appar-
» tient comme fruit de ton labeur, car toi seul tra-
» vailles, le riche est oisif. Marche, nous t'aiderons
» de nos conseils, nous te donnerons des armes pour
» combattre, et quand tu auras fait triompher la jus-
» tice, nous te ferons une République sociale, où
» chaque citoyen sera riche à lui tout seul, plus que
» vingt riches ensemble. »

Je défie que l'on me prouve que les socialistes
aient dit autre chose jusqu'à ce jour. Ce qu'il y a de
plus curieux, c'est que ces savants docteurs en révolution ne s'aperçoivent pas qu'ils seraient pris dans
leurs propres filets.

DEMANDE.

Comment cela?

RÉPONSE.

L'édifice social qu'ils bâtissent d'or pur et de pierres
précieuses pour y loger l'humanité régénérée, ne
peut être construit que sur et avec les ruines de ce
qu'ils appellent la vieille société décrépite, corrompue et pourrie au cœur, comme chacun sait; la pioche et le marteau démolisseurs doivent donc précéder l'équerre et le compas de l'harmonie sociale. Les
démolisseurs sont tout prêts; mais tous ces vaillants
travailleurs à la vigne humanitaire sont bien plus séduits par l'appât du pillage des dépouilles de la vieille

pourrie que par l'ordre admirable qui doit naître du plus épouvantable désordre qui puisse affliger le monde. L'abondance en perspective et le bonheur problématique du communisme, du phalanstère, de l'Icarie, de la banque du peuple ou autres *floueries sociales*, ne sont là, pour eux, que comme prétexte des efforts qu'ils tenteraient pour tout renverser. Ils iront bien prendre les matériaux du futur édifice, l'or, l'argent, les palais, les châteaux, les équipages, les bijoux, les meubles des bourgeois et jusqu'à la chaumière du pauvre ; mais d'aller ensuite en braves communistes déposer tout cela aux pieds des apôtres pour n'en avoir que la portion congrue d'un icarien ou d'un travailleur égalitaire, c'est un tour de force que cent Proudhon, deux cents Cabet, trois cents Pierre Leroux, mille Louis Blanc et cent mille Considérant ne leur feraient jamais accomplir. Pour s'imaginer le contraire, il faut être philosophe socialiste, c'est-à-dire ne rien connaître du cœur humain !

Quoi ! vous lancerez vos forbans dans les aventures, dans les périls, dans les luttes sanglantes de la conquête d'une Californie qui vous tente, et quand ils seront bien battus, qu'ils auront été décimés par les soldats de la civilisation, et qu'à force de destruction ils seront enfin saturés d'or et d'argent, vous Proudhon, vous Considérant, vous Cabet, vous Louis Blanc, vous Pierre Leroux, vous croyez pouvoir leur dire avec votre air paterne : « Bien ! bien ! mes amis, » mes frères ! mettez-là votre or, entrez au phalan- » stère, dans la commune icarienne, ou dans le cou-

» vent de la Triade, où nous vous partagerons le bien-
» être qui revient à chacun de vous selon les lois de
» la plus parfaite égalité. A la condition que vous
» laisserez tout entre nos mains pour l'organisation
» de votre administration fraternelle et paternelle! »

Croire que ces braves frères-là vont obéir, se soumettre comme des agneaux! Allons donc! ces nouveaux enrichis par le procédé socialiste se croiraient
trop légitimement possesseurs des biens qu'ils auraient pillés d'après votre conseil, d'après vos prédications incessantes comme des biens à eux apparte-
nant qu'ils n'auraient fait que reprendre à ceux qui
les avaient dépouillés, pour vouloir partager avec qui
que ce soit; et si vous vouliez les y contraindre, alors
commencerait une guerre d'extermination dont vous
seriez les premiers bourreaux et les premières victimes, un carnage social dont Dieu seul saurait le
terme.

DEMANDE.

Ainsi, sans la sobriété nul ne peut être ni bon citoyen, ni bon républicain?

RÉPONSE.

Non. La seule légitime République est celle qui est
fondée sur la morale et la pratique de toutes les vertus qui en découlent. Or, si la sobriété est une vertu,
sans la pratique de cette vertu pas de républicains.
Car l'intempérance, mère de l'ivrognerie, blesse la
dignité morale de celui qui s'y livre, et lui en fait

perdre jusqu'au sentiment. C'est un vice stupide, grossier, brutal, qui trouble les facultés de l'âme, attaque et renverse le corps. Il n'importe que ce soit dans le vin de Champagne ou le vin de Suresnes que l'on noie sa raison ; cette différence du riche à l'ouvrier ne rend pas le vice moins honteux.

Tout excès qui porte atteinte à la dignité humaine est un acte immoral, et personne ne contestera qu'il soit mal d'avilir sa nature, de dégrader sa raison, de manquer à un sentiment reconnu juste, noble, respectable par le plus simple bon sens. Ce que je dis ici de l'intempérance dans le boire et le manger s'applique également à tout excès détériorant, forçant nos organes, abusant de nos facultés pour la satisfaction de nos mauvais penchants. Quelle liberté l'intempérant sait-il respecter ? Ennemi destructeur de l'égalité et de la fraternité, le délire fou ou furieux l'accompagne ! De qui l'intempérant est-il l'égal ? Pas même de la brute ! Quant à la fraternité, on peut dire qu'il ne la connut jamais. Il l'outrage dans ses voisins, dans ses amis, dans ses parents, dans sa femme, dans ses enfants qu'il dépouille pour satisfaire sa passion brutale ; car si l'homme sobre engraisse les siens, l'intempérant, lui, dévore jusqu'à leurs entrailles !

Il faut parler ouvertement, sans haine comme sans crainte : il faut mettre la lumière sur le toit pour qu'elle éclaire toute la maison. La République est le gouvernement de la lumière : le peuple souvent se déshonore, il boit et mange avec excès, il roule dans la fange des ruisseaux, on le ramasse, cuvant son vin, sur le pavé des villes, sur le bord des chemins ; ou il rentre chez lui pour briser son modeste ménage ! C'est triste ! Il y a pourtant quelque chose de plus triste encore !..

La richesse est le véhicule de toutes les jouissances. Avec l'argent on peut se faire jouir jusqu'à la satiété, au-delà même de la satiété ; de là vient que tant de mauvais citoyens font tout pour en avoir. On les a vu faire des révolutions au nom de la morale publique, on les a entendu tonner contre la corruption pendant des années pour faire ces révolutions. Dans les feuilles quotidiennes ils criaient au scandale et à l'injustice, ils demandaient d'une voix indignée à la tribune nationale si un tel état de choses pouvait durer ! Ils ont tant crié, écrit, parlé contre la corruption, que le peuple qu'ils flattaient les a pris au sérieux, et leur a prêté ses bras pour renverser les corrupteurs, *aidé de la trahison ministérielle !..* Le pouvoir tombé, ils se sont mis à sa place. Qu'avons-nous vu ?.. Des Fabricius soupant avec des légumes pour que le peuple ait une plus large part au banquet national ? Des Cincinnatus quittant la charrue pour venir sauver leur patrie, et retourner à la charrue après l'avoir sauvée ? Ah bien ! oui ? A d'autres, s'il vous plaît. Tous ces illustres et vertueux citoyens, tous ces panégyristes de la sobriété étaient plus gourmands qu'Apicius et Vitellius !.. Qui compterait tous les Lucullus de la République ?

Le peuple eut-il sa part aux splendeurs du festin ? Le vin généreux qui coulait à flots des caves royales et ministérielles transformées en buvettes républicaines, a-t-il réjoui le cœur du peuple? Les sauveurs de la patrie, les terrasseurs de la corruption se sont-ils montrés plus bienfaisants, plus vertueux, plus désintéressés, à mesure qu'ils accroissaient leurs moyens de le devenir?.. Répondez, ô grands puritains artistes en République émeutière, *fantasmagoristes* d'indignation patriotique! Dans votre opulence de hasard, oublieux des misères du peuple, misères qui vous faisaient gémir, pleurer et rugir tour à tour, vous avez couvert vos tables d'autant de plats qu'un phalanstérien peut en commander; vous vous êtes montrés avides et gourmands au degré de votre ambition; il en est parmi vous que ni leur raison, ni leur ventre n'ont pu gouverner, et cependant, tandis que vous changiez le pouvoir en une orgie perpétuelle, dressant vos couverts dans tous les palais devenus vos demeures; ce bon, cet excellent peuple de Paris, qui s'était si bien prêté à vous faire la courte échelle, que faisait-il pendant vos longs soupers à la lueur des bougies royales? — Mourant de faim, transi de froid, il battait le pavé et il chantait sous vos fenêtres : *Mourir pour la patrie !*

Brave peuple de Paris es-tu volé!.. Ces cuisines, où se préparaient à tes frais, et pour quelques élus, quelques culotteurs de pipes, des monceaux d'aliments recherchés, n'étaient-elles pas une injure, une insulte, une spoliation aux yeux du peuple et à tous ceux qui vivent dans la médiocrité? Et cependant le peuple n'a pas murmuré, il a souffert qu'on lui prît ses épargnés et son dernier écu, espérant qu'entre la poire et le fromage, on se souviendrait qu'il n'avait pas dîné et qu'il courait risque d'aller coucher sans souper. Pauvre peuple, qui ne sait pas encore, après tant d'expériences, que ceux qui n'écoutent que leur ambition personnelle se moquent du peuple, qu'il n'est pour eux qu'une machine, un levier, et que leur nature, à ces égoïstes hypocrites, les entraîne par ses penchants grossiers à une corruption morale tellement profonde, qu'ils n'emploient la richesse si mal à propos tombée dans leurs mains que pour goûter l'intempérance, se réjouir dans leurs trésors et s'enivrer les sens en riant de la crédulité de ceux qui se font tuer pour assurer le triomphe de cette ambition.

La sobriété est une vertu républicaine. Avec elle on aurait fait des républicains sincères, tandis que nous n'avons vu que des saltimbanques politiques perchés sur d'ignobles tréteaux où la licence écrivait avec la lie de vin :

L'orgie sera désormais le gouvernement!..
Vive la République démocratique et sociale!..
C'est à faire rire ou pleurer!..

IX.

LE TRAVAIL.

Qu'est-ce que le travail ?

Le travail, c'est la peine que l'on prend, le soin que l'on se donne pour découvrir, produire, acquérir, conserver, améliorer, utiliser, perfectionner une chose indispensable, nécessaire, avantageuse, agréable à soi-même ou à ses semblables.

Moralement, le travail, c'est l'obligation imposée à l'homme par Dieu pour être le conservateur et le continuateur de ses œuvres, sous peine d'être justement déshérité des biens que la Providence ne nous livre qu'à la condition que nous en ferons la conquête par toute l'énergie de notre intelligence et de nos forces physiques.

Politiquement, socialement, le travail est le libre exercice de nos forces isolément, ou de nos forces et de notre intelligence simultanément appliquées à la recherche, à la production, à la conservation, au perfectionnement des choses utiles à notre bien-être matériel et moral. Ce libre exercice est limité comme la pratique de tous les droits par la justice, et il n'est jamais permis d'employer toutes ses forces, ni toute son intelligence, pour acquérir des richesses illégitimes aux dépens de ses semblables. Cependant le travail donnant naissance à un droit, nul ne peut être privé injustement de ce droit.

DEMANDE.

Vous admettez donc le droit au travail ?

RÉPONSE.

Vous m'avez mal compris. Pour l'honnête homme le travail est un devoir, et tout devoir accompli, donne et constitue un droit : celui de jouir paisiblement du fruit de son travail, et non le droit illusoire au travail lui-même.

Dans ces temps de fièvre et de faux prophètes, on invoque à chaque instant, et à propos de réformes sociales, les Écritures et surtout l'Évangile pour soutenir les thèses les plus bouffonnes et les prétentions les plus absurdes. Ceux dont la conduite et les principes sont le plus manifestement en opposition avec la morale évangélique, sont précisément ceux qui tordent le plus les textes du livre divin pour lui faire suer quelqu'argument forcé en faveur de leurs folles théories. Si l'intelligence leur manquait, on pourrait croire qu'ils agissent de bonne foi en faisant ainsi, mais l'on sait, qu'en général, chez les hommes, et surtout chez les philosophes humanitaires qui aspirent à la domination temporelle de leurs semblables, la subtilité de l'esprit est telle, leur intelligence est si développée, que la bonne foi ne serait qu'une maladresse. Le sophisme avant tout. De même que le marchand trompe sur l'origine et la qualité d'une marchandise qu'il veut faire passer pour identique à celle que son voisin possède exclusivement, en soutenant qu'elle est de même matière et du même ouvrier; pareillement ceux qui veulent *enfoncer* le peuple, lui soutiennent que leur morale est de la même fabrique et de la même qualité que celle de l'Évangile.

DEMANDE.

Vous employez des expressions impropres ?

RÉPONSE.

C'est pour rester dans les termes de ces messieurs et mieux maintenir mes comparaisons. Les faux docteurs font plus, et toujours comme le marchand qui voit le doute poindre sur la figure de son acheteur, il soutient que la marchandise, la pièce d'étoffe qu'il présente est même beaucoup mieux fabriquée que celle de son voisin, que la matière en est plus fine, plus moelleuse, mieux choisie, le tissu plus serré, le

grain plus fin, la qualité supérieure et plus avantageuse.

Les réformateurs, les perfectionneurs de l'Évangile
ressemblent à ce marchand. L'un veut tromper la
pratique ; eux veulent tromper le peuple, mais tous
à leur profit. C'est une question d'adresse et de
rouerie ; la bonne foi n'intervient pas là. Son masque
suffit.

Au nom de Dieu, en invoquant l'autorité de la
parole de Jésus-Christ, on prêche des doctrines subversives de tout ordre religieux, moral et politique ;
et pour mieux abuser ceux qui, comme les juifs
aveugles, attendent toujours le Messie qui doit leur
donner la puissance et la richesse de ce monde, on
entasse textes sur textes, citations sur citations, on
sophistique un livre dont on ferait mieux de suivre
tout simplement les maximes que d'en faire un
lévier d'insurrection et de guerre civile. Soit ; mais
alors, ces armes qu'on tourne contre la société pour
la détruire, nous les retournerons le plus vigoureusement qu'il nous sera possible contre les faux
docteurs du socialisme. Nous nous en servirons, non
comme d'une épée à deux tranchants, mais comme
d'un bouclier impénétrable aux coups d'une prétention doublement sacrilége.

Ouvrons la Bible, et lisons ce qui est écrit ; Dieu,
après la chute de l'homme, remarquons avant de continuer que les philosophes rationalistes de l'école matérialiste sociale nient cette chute pour mettre leur logique plus à l'aise, Dieu, disons-nous, chasse l'homme

du Paradis Terrestre : mais, en le chassant, il ne lui dit pas : — « Va, je te donne le droit au travail, en » compensation des biens que ta désobéissance t'a » fait perdre par ta faute. » Dieu dit : — « Parce » que tu as écouté la voix du serpent par la bouche » de ta femme, et que vous avez mangé du fruit de » l'arbre dont je vous avais défendu de manger, la » terre sera maudite à cause de ce que vous avez fait, » et vous n'en tirerez de quoi vous nourrir pendant » toute votre vie qu'avec beaucoup de travail. » — « Elle vous produira des épines et des ronces, et vous » vous nourrirez de l'herbe de la terre. » — « Vous » mangerez votre pain à la sueur de votre front. »

Voilà le texte, quelle est l'interprétation ? Que vous semblent ces paroles de Dieu ? est-ce un droit qu'il donne à l'homme en rendant contre lui cette sévère sentence ? Toute la question est là. Les siècles n'y ont rien changé. La condamnation demeure, c'est l'injonction d'un devoir pénible, d'un labeur, d'une souffrance de tous les instants, sous peine de mort. Le texte est formel et sans réplique. Il trace nettement le devoir de l'homme, le travail, et il fait découler le droit de vivre de l'accomplissement du devoir, c'est-à-dire qu'il assure la jouissance, à la condition du travail. — Comment l'homme condamné au travail peut-il dire : — « J'ai droit au travail ? » et s'il tient ce langage, que signifie-t-il ? — Je sais qu'au point de vue de la philosophie socialiste cette condamnation par Dieu de l'homme désobéissant est une fable, une monstruosité inventée par Moïse.

D'ailleurs, selon ces philosophes, Dieu n'existant pas, en tant qu'être supérieur à tout et en dehors de tout, il n'a pu infliger une peine à l'homme pour une désobéissance impossible par l'absence de son objet. Le fatalisme, selon la doctrine des maîtres, a fait l'homme bon ou mauvais, peu importe, mais la force brutale de quelques-uns a rendu le plus grand nombre malheureux. La lutte sociale se dit engagée contre la violence qui a privé les trois quarts de l'humanité de la jouissance des biens de la création. Que dis-je, la création? C'est encore là une idée qui, selon les mêmes philosophes, n'a pu germer que dans la cervelle d'un despote, d'un législateur tyrannique : c'est de la *fortuité*, de la formation de l'univers en général, et de notre globe en particulier qu'il faut dire : la création supposerait une intelligence supérieure à tout ce qui existe, à tout ce qui aurait été créé : les socialistes se gardent bien de l'admettre ; la raison en est, que cette vérité une fois reconnue, il faudrait bien se soumettre à ses conséquences en morale, d'abord, ensuite en politique.

Sans entrer plus avant dans cette question, admettons pour un moment que la fortuité ait présidé à l'arrangement de la matière qui constitue l'harmonie de l'univers, tel que nous le voyons : les forts ont dépouillé les faibles, ils ont accaparé les trésors de la nature, qui les produit au hasard, ils ont jusqu'à présent joui illégitimement des biens acquis aux dépens de leurs semblables qui eurent le malheur d'être faibles dès le commencement : mais sans doute, aussi, la fortuité qui avait rassemblé pour les combiner les éléments fortuits de l'harmonie universelle, a débrouillé par le même procédé, et petit à petit, le chaos moral des intelligences dans le cerveau des hommes qui, après avoir été matière inerte, puis matière avec formes et mouvement, se prêtant par degré à une certaine loi d'agrégation moléculaire par affinités chimiques de je ne sais où, s'animalisant peu à peu, manifestant des phénomènes vitaux et intellectuels plus ou moins parfaits pour suivre une progression indéfinie tout aussi fortuite que leur cause première, sont enfin arrivés à cet état de créatures libres et raisonnables dans lequel nous les voyons aujourd'hui.

Eh bien, tout cela admis comme vrai, je n'en vois pas encore résulter le droit au travail, comme l'entendent les socialistes. Je n'y vois que la liberté du travail, pour ne pas dire l'obligation, le devoir du travail, sans l'accomplissement duquel la conservation et la perfectibilité de l'homme sont des impossibilités dont tous les hasards du monde ne pourraient changer la nature.

Le socialisme ne se pose pas sur ce terrain primitif, il ne va pas, et pour cause, chercher ses raisons à la source des faits. Il saute à pieds joints par dessus la difficulté, et se place sournoisement, non devant le travail, mais devant les fruits du travail. Donc, ce qu'il demande pour lui et les niais qui l'écoutent, c'est le partage des produits du travail des siècles passés, et quand il fait si grand étalage de son amour de l'humanité, de ses sympathies pour les faibles dépouillés par la violence des forts ; il sait bien qu'il trompe effrontément le peuple en lui promettant le droit au travail, qui ne séduit les hommes crédules que parce qu'il implique la jouissance assurée des fruits du travail ; car ce qu'ils donneraient au peuple, après leur victoire, quand ils se seraient partagés les dépouilles opimes de la société, ne serait pas encore le droit au travail, mais, comme toujours, l'obligation de travailler pour jouir du fruit du travail.

Je dis, à dessein : la jouissance assurée du fruit du travail, en parlant des motifs qui poussent certaines classes pauvres à s'engouer de la doctrine socialiste du droit au travail. C'est qu'en effet, là est toute la force que le socialisme prétend tirer de l'excellence de son organisation sociale : tout le monde aura droit au travail, par conséquent, tout le monde mangera !

Voilà l'utopie dans tout son prestige ; la question réduite à ses termes les plus simples. Si maintenant vous demandez aux socialistes comment ils feront pour assurer ce droit à tout le monde, ils vous répondront sans hésiter : « Nous nous emparerons de » toute la richesse publique et privée et nous en ferons » rons une équitable répartition. Nous obligerons tout » le monde à produire et nous nourrirons tout le monde » de la production de tous ! ! »

Dans tout cela, je vois toujours l'obligation du travail, et nullement le droit au travail. C'est l'état actuel, moins la liberté, moins la moralité du travail.

C'est l'esclavage mécanique substitué à la peine intelligente et civilisatrice du travail libre. Que le peuple y réfléchisse sérieusement. Les socialistes n'ont qu'un but, celui de s'emparer de tout, et de disposer de tout selon les belles maximes de Cabet, de Louis Blanc, de Proudhon, de Pierre Leroux, de Considérant. Voilà le dessous de leurs cartes, le fond de leur sac vidé. Là est la racine d'un despotisme dogmatique cent fois plus intolérable que le despotisme le plus renforcé de la théocratie et de l'aristocratie. Que le peuple sache bien qu'en soutenant le droit au travail les socialistes ne sont pas moins convaincus que nous de l'absurdité de leur prétention. Si le droit au travail ne cachait un désir effréné de domination et de richesse, ce ne serait qu'un niais jeu de mots.

Pour le prouver, supposons un moment que ces apôtres du droit au travail, que ces disciples de la souveraine justice, comme ils le disent si hautement dans leurs livres et dans leurs discours, soient tout-à-coup jetés sur une terre déserte, inculte, ne produisant que des ronces et des épines, et n'ayant d'autre ressource que de chercher des métaux et d'inventer la forme des instruments propres à arracher ces mauvaises herbes, à défricher cette terre ingrate, à l'ensemencer et à récolter ses produits pour s'assurer les moyens d'y vivre et de s'y multiplier. Quand ils auront mis les moissons obtenues à la sueur de leur front dans les greniers bâtis de leurs mains, viendront-ils dire qu'ils n'ont toutes ces choses qu'en vertu du droit au travail? que faisait là le droit sans l'obligation, sans la condamnation? qu'ils répondent eux-mêmes! Pour moi, qui ne suis pas, il est vrai, en logique socialiste, de la force du moindre portier d'un phalanstère, je ne vois encore là, tant j'ai la cervelle épaisse, qu'un devoir pénible, une lutte incessante, un labeur et non un droit.

Poursuivons notre hypothèse. Voilà qu'après une plus ou moins longue succession de temps et de travaux rudes, nos apôtres sont devenus de grands propriétaires fonciers. La culture des terres, l'industrie, le commerce, les sciences et les arts ont donné de grandes richesses à ceux qui les ont exercés, et continuent d'en donner à ceux qui les exercent avec persévérance, obstination, lumière, savoir, économie, sagesse. Ils en jouissent à la fois comme créateurs, comme conservateurs et comme leur imprimant chaque jour un nouveau degré de développement et de perfection qui en font une source toujours vive de nouveaux produits, de nouveaux bienfaits, de nouveaux avantages pour tous les membres de leur colonie. Ils se considèrent comme légitimes possesseurs de toutes ces richesses, et ils ont raison.

DEMANDE.

Comment arrivera-t-il qu'ils aient tort, ou du moins qu'on les accusera d'avoir tort?

RÉPONSE.

Cela arrivera aussitôt que la paresse aura fait naître des philosophes socialistes. Et il en naîtra forcément,

en vertu de la fatalité qui, dans le système des chefs
de secte d'aujourd'hui, a présidé et continue de pré-
sider à tout ce qui se passe dans le monde. Leur colonie est devenue très nombreuse; mais là comme ici,
la fortuité intellectuelle a établi de notables diffé-
rences, sans parler de celles créées par la fortuité
physique qui a présidé à la formation et à la naissance
des individus. Cette fortuité, qui fait aujourd'hui
Pierre Leroux plus humanitaire et plus chrétien que
Jésus-Christ, a fait dans la colonie l'un habile, actif,
entreprenant, l'autre maladroit, indolent, paresseux;
celui-ci fort, celui-là faible, de sorte que par l'obligation primitive du travail auquel tous ont été et demeurent soumis, la richesse des uns et celle des
autres est en raison de leur habileté, de leur force,
de leur activité ou de leur faiblesse, de leur indolence, de leur paresse et de tous les vices qui en sont
la suite. La fortuité rompant bientôt, de plus en plus,
je ne sais en vertu de quelle loi secondaire, acciden-
telle ou fatale, l'équilibre social, il vient un temps où
les paresseux et les imbéciles sont en plus grand
nombre que les actifs et les intelligents. La véritable
cause en est bien à la corruption des mœurs; mais
dans un système matérialiste, les mœurs ne sont
qu'un heureux accident; l'habileté, la finesse, l'hypocrisie en tiennent lieu chez les grands, les mœurs
sont bonnes pour les valets; on sait pourquoi. Quoi
qu'il en soit, la colonie est ainsi faite; mais comme la
paresse et l'imbécillité n'excluent pas l'instinct du
bien-être, qu'elles avivent au contraire tous les mau-

vais penchants qui en font désirer la possession avec le moins de mal possible, voici ce qui arrive ; on peut être paresseux et avoir une certaine dose d'intelligence ; un, deux, trois, cinq paresseux intelligents, comptent les autres paresseux, imbéciles, vicieux de toute sorte, jaloux, haineux, avides, fourbes, cruels, féroces, et en voyant qu'ils sont devenus plus nombreux que ceux qui possèdent par le travail et l'exercice de toutes les vertus qu'il enseigne, qu'il excite, qu'il fait fructifier au profit de tous, comme le soleil qui se lève pour les bons comme pour les méchants, ils se disent : — Philosophons ! je ne suis qu'un sot animal, un maladroit, ou tous ces gens-là vont m'aider à faire ma fortune en leur promettant de faire la leur. En avant la logique des passions ! Il n'est pas juste que le plus petit nombre ait tout, et le plus grand nombre rien ! Nous sommes tous égaux ; vive l'égalité !.. Nous sommes tous frères ; vive la fraternité !.. Sus aux voleurs !..

La phrase philosophique et socialiste est lancée ; elle fait le tour de la colonie. La bombe va éclater. Tous les paresseux, tous les ivrognes, tous les fourbes, tous les haineux, tous les jaloux, tous les ambitieux se lèvent, s'assemblent et répètent en chœur la phrase socialiste. Les fondateurs de la colonie, nos braves apôtres, s'émeuvent ; il y a de quoi. On les presse de répondre ; ils reconnaissent qu'il est juste que chacun reçoive le prix de ses œuvres, mais rien de plus. Là-dessus, nouveaux cris des réformateurs : — Nous ne sommes pas libres ! Vous nous opprimez ;

nous ne sommes pas égaux, vous avez tout, nous n'avons rien, vous nous chassez quand nous réclamons nos droits, vous nous faites mitrailler quand nous voulons vous faire rendre gorge. Vous ne vous servez de votre intelligence et de votre fortune volée que pour nous exploiter. A bas l'exploitation de l'homme par l'homme ! A bas la propriété ! C'est le vol !.. Vive l'égalité !.. Vive la fraternité !.. Vos biens, ou la guerre !.. Le droit au travail !.. le droit au travail !.. — Mais le droit au travail, vous l'avez comme nous, que ne vous en servez-vous, ou que ne vous en êtes-vous servi pour travailler et acquérir ? — Vous nous avez tout volé, rendez-nous nos biens et nous décréterons le droit au travail, pour vous prouver que c'est vous qui avez le plus d'intérêt à pratiquer la fraternité que vous avez inscrit sur vos drapeaux. Tout le monde travaillera, tout le monde mangera. Vive la justice !..

— C'est-à-dire qu'après nous avoir dépouillés de ce que nous possédons légitimement, de ce que nous avons acquis à la sueur de notre front, vous nous forcerez à travailler pour vous enrichir !..

— Pas tant de raisons !.. Vive la sociale !.. Vive le communisme !..

— Au diable votre communisme !.. Les soldats vivent en communauté, même caserne, même habit, même lit, même gamelle, direz-vous à cause de cela qu'ils ont droit de faire l'exercice, d'aller à la manœuvre pour apprendre à se faire tuer et à tuer au besoin ? Laissez-nous tranquilles, paresseux, fourbes, intrigants, philosophes crottés ! qui voulez manger notre soupe sans en planter les légumes, manger notre pain sans labourer ni ensemencer le champ !..

— Ah ! c'est comme ça ?

— Oui c'est comme ça !.. Après ?

— On va vous le dire l'après !

L'après promis serait ce que nous avons vu ici en juin 1848 et à Angers en 1855. L'après serait la défaite des philosophes, des fourbes et des intrigants par nos braves apôtres, dégoûtés à toujours de la République sociale ! L'après serait leur ligue contre les pillards et les voleurs, les assassins et ceux qui les endoctrinent.

DEMANDE.

Et ils feraient très bien.

RÉPONSE.

D'où je conclus que tous les honnêtes gens doivent se liguer entre eux. — Mais s'il reste bien démontré que le travail est une peine expiatoire imposée à l'homme, nous allons bientôt voir sortir de cette dure condamnation tous les trésors d'une conquête difficile, il est vrai, mais fructueuse, immense, et qui rétablira l'homme dans toute sa dignité première, qui fera de nouveau briller en lui le reflet de sa céleste origine, reflet obscurci, mais non entièrement effacé par sa désobéissance.

L'homme créé par Dieu et à l'image de Dieu, quoi qu'on en dise, va mettre en œuvre toutes les puissances de son âme intelligente, active et libre pour se rapprocher toujours de plus en plus de son créateur et de son modèle. Il va devenir l'imitateur et le conservateur, en même temps que le continuateur de ses œuvres. Le travail, imposé comme une peine, sera aussi un moyen efficace de réhabilitation et de salut. La justice de Dieu satisfaite va marcher d'accord avec sa miséricorde, pour assurer à l'homme le domaine de l'univers avec tous les trésors qu'il renferme.

Voyez, la grande loi obligatoire du travail est promulguée. Le devoir est tracé. Il s'accomplit librement ; à l'instant le droit prend naissance. Le travailleur jouit, l'oisif sent la privation. Si la fraternité intervient pour ne pas laisser son frère dans le besoin, elle fait un acte moral, libre, mais qui ne saurait constituer un droit en faveur de l'oisif volontaire. Qui dit le contraire, soutient un mensonge.

Les socialistes qui soutiennent que le droit au travail est un droit de l'homme, ne font que mettre un habit à l'envers, car dans ce cas, le devoir chez eux serait postérieur au droit, la cause postérieure à l'effet. Ce qui est absurde. Et je n'imagine pas, par exemple, que Cabet voulût nourrir tous les fainéants de l'*Icarie*, ni Pierre Leroux tous les béats contemplateurs de la *Triade*, ni Considérant tous les gastronomes alléchés par l'odeur de sa cuisine *phalanstérienne* ! Si les uns et les autres de leurs adeptes ne voulaient avoir que la jouissance du droit sans le sacrifice, le soin, la peine du devoir.

Mais, dit-on, chez les socialistes ce n'est que pour satisfaire à la loi du devoir que les docteurs demandent, pour les travailleurs égalitaires, le droit d'abord. C'est un sophisme par trop niais. A qui les travailleurs égalitaires, à leur tour, demanderont-ils ce droit au travail ?

— A la société !

— A laquelle ?

— A la société communiste, phalanstérienne ou sociale !

— Fort bien ! Sur quoi la société socialiste pourrait-elle assurer l'exercice de ce droit ?

— Sur la force de son organisation et de son institution.

— Cette force d'organisation, cette puissance d'institution, d'où les tirerait-elle ?

— De sa constitution même.

— Ce n'est pas répondre. J'aurais beau avoir le droit de bâtir une maison, si je n'ai pas les matériaux, le terrain, la pierre, le bois, le fer, comment userai-je de mon droit, fût-il imprescriptible, à moins d'acheter toutes ces choses, ou de produire par mon travail tous ces objets nécessaires à la construction de ma maison.

— Dam !

— Vous parliez de la force de sa constitution, en quoi consisterait cette force ?

— Dans la possession.

— Dans la possession de quoi ?

— Dans la possession de toutes les richesses publiques et privées remises aux mains de ses fondateurs.

— Comment ?

— Par une révolution sociale !..

— Nous y voilà, le sac est vidé !..

O naïfs socialistes, mais ce ne sera pas là une république, et vous prétendez que vous êtes les meilleurs républicains du monde. La République, c'est avant tout la liberté ! Comment votre République admettrait-elle un droit destructeur de la liberté ? La République des honnêtes gens, prend les mots au sérieux, et les idées que les mots représentent plus au sérieux encore. Elle fait du travail ce qu'il est dans l'ordre providentiel logique : un devoir qui confère des droits, et non un droit qui n'impliquerait qu'un devoir arbitraire, sans moralité, sans liberté. Admettre votre droit au travail, ce serait détruire la liberté humaine, par conséquent, sa dignité ; ce serait mettre les citoyens en tutelle, les livrer brutalement à l'arbitraire d'un pouvoir ridicule, entrepreneur sans responsabilité de travaux universels, et n'employant que selon ses caprices, ceux de ses agents et de ses contre-maîtres, les bras et les intelligences d'hommes réduits à l'état de machines passives. Un tel droit, avec un semblable gouvernement, ferait de la population de notre beau pays de France une horde d'esclaves abrutis après en avoir fait un troupeau de paresseux.

La République est un gouvernement d'hommes libres, égaux devant la loi, administrant les intérêts religieux, moraux et politiques d'hommes égaux et libres au même titre qu'eux. Donnez le droit au travail, et vous verrez ce que deviendra le devoir du travail, et par contre la liberté, l'égalité et la fraternité. La compression despotique des chefs de secte pourra bien faire régner par la force une égalité brutale, passive, une égalité de corvées pour chaque membre de la République socialiste, mais à coup sûr la liberté et la fraternité y périront complètement !

Mais, quel est donc ce droit, s'il faut, pour l'assurer à vos adeptes, que toute la nation abdique les liens les plus légitimes et les plus sacrés ; je ne dis pas pour savourer en paix des avantages incontestables, quoique difficiles à obtenir ; mais pour expérimenter, en passant à travers les ruines de tout ce qui existe, une idée aussi folle, une théorie aussi extravagante, une utopie aussi grosse de sang et de larmes, et aussi vieille dans l'histoire des aberrations de l'esprit humain, qu'elle est sauvage et cruelle ? Ne voit-on pas que le résultat le plus positif d'une pareille expérimentation serait d'enrichir une douzaine d'aventuriers, en ruinant trente-six millions de Français ?.. Est-ce que la bête de somme a droit au travail parce que le laboureur ne peut labourer sans elle, ni le voiturier transporter ses fardeaux ?.. Comprends donc, ô peuple, l'aveugle qui irait donner sottement dans ce panneau. Songe que tu ne serais plus qu'une bête de somme à la différence près de l'écurie et du râtelier. Ta liberté y serait celle de l'âne, et le fouet socialiste courberait ton échine sous les lanières politiques confiées aux mains d'une fraternité de muletiers à mulets !

Je défie le droit au travail d'avoir une autre conséquence que celle que sa logique comporte. Ceux qui le prêche ne se font pas d'illusion à cet égard. La friandise des amorces de leurs traquenards montre bien qu'ils n'en veulent qu'aux crédules et aux étourneaux. Où va l'oiseau pris au trébuchet ? A la cage pour les plaisirs ou les profits de l'oiseleur. L'éléphant pris au piége ne fait-il pas le profit de celui qui le prend pour le vendre à un maître ? — Avis aux crédules, aux étourneaux, aux éléphants ; mourir en cage ou porter le palanquin, voilà le droit au travail !..

Mais si ce droit trompeur amène forcément la perte de toute liberté, de toute dignité, si, par une conséquence également fatale, il ravale l'homme à la condition d'une brute, d'une machine passive aux mains d'un despotisme fraternellement cruel !.. le devoir du travail, au contraire, élève constamment l'homme, et le mène au plus haut point de perfection qu'il lui soit donné d'atteindre, en le faisant tendre sans cesse vers cette perfection infinie qui est la fin de sa double nature. Par le travail libre, l'homme est le continuateur, le conservateur, l'imitateur des œuvres de Dieu ! C'est ainsi qu'il devient la seconde main de la Providence.

DEMANDE.

Prouvez ce que vous avancez ?

RÉPONSE.

L'homme a été créé à l'image de Dieu ; il a donc en lui, dans une proportion fort relative sans doute, toutes les qualités de son modèle. Son intelligence le met à même de comprendre ce que son cœur lui fait sentir. Il compare, il juge, se détermine librement, et toujours, quand il n'est pas obscurci par la corruption de la passion, son esprit le porte ainsi que son cœur à rechercher ce qui est bon, beau, vrai et juste. Cette loi de sa conscience est la loi de son être. Aimer toutes ces choses, c'est en vouloir la réalisation ; et sa volonté, stimulée par le besoin de se les approprier, le porte involontairement à l'imitation de tout ce qui porte le cachet, dans les œuvres de Dieu, de la bonté, de la beauté, de la vérité et de la justice : alors la main de l'homme cherchant à se faire l'exécutrice plus ou moins habile de ce que son intelligence a compris ou de ce que son cœur désire, elle esquisse ce qu'il a sous les yeux qui réunit les qualités qui le séduisent : le travail s'accomplit dans son double objet, objet matériel, objet moral.

Nous voulons que l'homme progresse et non qu'il recule ; nous voulons qu'il marche de plus en plus vers sa double perfection ; nous voulons un être raisonnable et libre, et dont la raison et la liberté aient leur souche en Dieu lui-même et non dans le perfectionnement idéal des moyens grossiers de faire jouir ses sens !

Les socialistes ne mettent une telle doctrine en

avant que pour séduire les hommes ignorants et sen-
suels, qui seront pour leur ambition personnelle des
instruments d'autant plus précieux qu'ils seront dé-
moralisés. Le type du républicain est dans la souveraine vérité, il ne change point au gré de chaque
découverte faite par le travail intelligent, toute découverte ainsi faite n'étant qu'un pas de plus vers le
centre de tout ce qui est beau, bon, vrai et juste !

N'est-il pas de toute évidence que les conquêtes
de l'intelligence humaine, aidée de l'emploi de ses
forces physiques, sont le résultat, comme le prix de
l'observation rigoureuse du travail, et non du droit
au travail, qui équivaudrait à la négation du devoir
pour les trois quarts des hommes livrés à tous les
instincts de leur nature animale et n'ayant pour les
satisfaire que le butin qu'ils enlèveraient de vive
force sur le travail des autres ? voilà où veulent nous
conduire les républicains bicolores-démocratiques et
sociaux !.. O Attila socialiste ! c'est le droit au travail
qui serait le vol ! droit au travail des frelons dans la
ruche, droit au travail des corsaires sur les bâtiments
capturés, droit au travail des détrousseurs de pas-
sants sur les grands chemins, droit au travail socialiste, c'est tout un, c'est le vol !

Le travail a tout produit. Dieu fut le modèle, le
travailleur fut le copiste, l'imitateur. La peine s'est
transformée en mérite, la souffrance en vertu; la
persévérance a ouvert au travailleur tous les trésors
de l'éternel ! l'homme y puise à pleines mains ! le
travail est ce qu'il fut, ce qu'il sera dans tous les

temps, une grande obligation morale. S'y soustraire c'est se condamner à mort; dans une République c'est renoncer à tous ses droits de citoyens. Les droits n'y sont qu'à la condition des devoirs accomplis.

DEMANDE.

Démontrez-nous comment l'homme est l'imitateur de Dieu ?

RÉPONSE.

Comparons. Il suffit de voir. L'univers nous offre un chef-d'œuvre extrêmement compliqué. Sa création, son organisation si belle et si complexe, les plantes, les animaux, dont la structure, le mécanisme sont autant de mystères impénétrables, attestent assez les travaux de Dieu pour qu'il soit inutile d'insister sur ce point, hors de doute pour tous les esprits sérieux; ici les preuves abondent, elles sont évidentes, on les touche du doigt, personne ne les nie.

L'étude de l'univers, son harmonie, l'ensemble des lois qui régissent le mouvement planétaire, les ellipses, les circonférences, les rotations, les courses périodiques et régulières, la précision des calculs d'étendue, la vitesse des courbes, démontrent un grand géomètre dans l'auteur de tout ce qui existe. Instruit par les leçons écrites dans le ciel, l'homme a pu connaître la durée des périodes astronomiques; il a deviné le principe du système céleste, prévu et assigné l'époque de l'éclipse, le retour des comètes, distingué les temps, le lever et le coucher du soleil, son aphélie et son périhélie. Ses arcs ont lancé la flèche, ses frondes la pierre, ses fusils, ses canons vomi la balle et le boulet par une courbe géométriquement calculée pour devoir atteindre un point donné. Les parallèles de ses forteresses, ses mille travaux d'art, d'architecture, sculpture, peinture, génie, ne montrent-ils pas clairement que, comme son auteur, l'homme est géomètre?

Les plantes dont la structure est si admirable, tous ces milliers d'animaux qui pullulent, s'agitent à l'existence, sentent et se reproduisent ; l'homme, que le souffle divin a fait vivre, sentir, penser et se mouvoir à l'aide de sa charpente osseuse, dénotent un mécanisme par excellence, accusent une profondeur de connaissances auxquelles il ne nous sera jamais permis d'atteindre. Cependant, comme son auteur, l'homme est mécanicien. N'a-t-il pas fait la montre douée du mouvement, la boussole qui guide sur les flots, l'astrolabe pour prendre la hauteur des astres, la charrue qui déchire le sein de la terre pour y jeter la semence nourricière? les instruments de toutes sortes : les métiers qui servent à filer et à tisser ses vêtements; les pompes et les machines auxquelles la vapeur, cette force incalculable trouvée par lui, fait accomplir tant de fonctions diverses; les savantes combinaisons des ressorts, des lames, des fils, des métaux, des roues et des poids appliqués au mouvement comme causes déterminantes ou auxiliaires, suffisent pour le prouver d'une manière péremptoire. Bien inférieur sans doute à Dieu comme physicien, l'homme n'a-t-il pas découvert beaucoup des propriétés de la matière ainsi que les lois générales et particulières des corps ; l'attraction et la répulsion, les affinités et les antipathies dans les combinaisons chimiques? La pile de Volta, les télégraphes électriques, la lampe de Davy, le daguerréotype, le thermomètre, le baromètre, l'application du pendule aux horloges, sont autant de découvertes conquises par l'activité de son intelligence. Ne sait-il pas produire le feu qui remplace la chaleur du soleil, la glace qui enchaîne les liquides, la poudre dont la dilatation jette au loin le plomb meurtrier ? N'a-t-il pas fabriqué la bombe et les fusées à la congrève, qui portent l'incendie sur les vaisseaux comme dans les forteresses ennemies, tandis que son paratonnerre enchaîne la foudre et s'en rend maître? N'a-t-il pas complété le mécanisme de l'oreille et de l'œil : le premier par ses cornets acoustiques, le second par ses lunettes, ses loupes, ses lentilles, ses microscopes et ses télescopes à réflexion?

Ce que je dis de la physique, je puis le dire de la chimie. Les plantes qui sucent par les racines les fluides nutritifs et respirent par les feuilles les substances qui se transforment en fleurs et en fruits ; les animaux qui ingèrent dans leurs intestins, véritables *apparaux* chimiques, la matière alimentaire qui s'y décompose pour former de nouveaux produits, s'assimiler et se changer en d'autres corps, sont les chefs-d'œuvre du plus habile chimiste. L'homme a décomposé les métaux ; il a cherché et souvent obtenu mille résultats de la force d'adhésion et de cohésion, d'attraction et de décomposition. Avec le blé décomposé, il a fait le pain ; avec la betterave, le sucre ; avec la pomme de terre, l'alcool ; avec les corps bruts, il a fait des couleurs, teint et imprimé des étoffes ; blanchi la laine, la soie le chanvre ; composé des savons et des essences qui enlèvent les taches, trouvé les réactifs qui accusent les propriétés chimiques de certains corps. On ne saurait citer tout ce qu'il a fait de beau, de bon, de délicat avec le calorique.

La plupart des inventions des hommes ne sont que les imitations copiées dans le grand livre de la nature. Les montagnes renferment dans leur sein des métaux, des minéraux, des marbres, des cristaux, des pierres, des huiles, des soufres, des bitumes, des sels. La terre est couverte d'arbres et de plantes qui donnent à l'homme l'utile, pour ses besoins, ses manufactures, son commerce. Sur les végétaux on voit des insectes industrieux, qui fabriquent le miel, la cire, la soie, les vernis, la cochenille. Le règne animal nous présente une variété infinie de richesses. Les abeilles et les fourmis ne sont point bornées dans leur gouvernement à des actions mécaniques, n'ayant pour but que la conservation et la génération de leurs espèces ; elles ont des lois civiles, un esprit analytique qui les détermine à se former en société. L'hirondelle choisit les lieux les plus commodes pour y bâtir son nid ; elle préfère une figure ronde à une carrée, un angle aigu à un obtus ; elle distingue la qualité des vents, puisqu'elle loge au Levant pour se préserver des temps pluvieux.

Dieu, dans sa bonté infinie, a associé à l'homme les oiseaux, les poissons, les quadrupèdes ; il les fait contribuer à ses plaisirs, ses besoins, sa nourriture, son vêtement, sa sûreté. On découvre dans la construction anatomique des animaux de terre et d'eau, des idées utiles au perfectionnement des arts. On y remarque des architectes, des maçons, des charpentiers, des fileuses, des tisserands, des hydraulistes, des mineurs, des potiers, des vernisseurs, des mécaniciens, des navigateurs !

Si je me promène dans Paris, où l'industrie, les arts, les sciences sont portés à un si haut point de perfection, je vois des édifices gigantesques, merveilleux ; des monuments admirables, des palais que l'architecture a décorés en dehors et en dedans ; l'ameublement y brille de tous les raffinements, de toutes les splendeurs du luxe, de toutes les beautés diverses de formes et de couleurs : dans tout cela je vois le génie inventif et la main industrieuse de l'homme ; mais, si je vais dans la campagne, j'y vois le soleil plus riche, plus éclatant que le plus pur diamant qui scintille au front des rois ; je m'incline sur l'humble fleur des champs, dont la lumière incomparable du soleil fait ressortir la délicatesse et la variété des nuances, des mille couleurs qui parent son calice épanoui ; je reconnais que Salomon, dans toute sa magnificence, n'a jamais été vêtu comme l'une d'elles : et, si je dis que ce que l'homme a fait est beau, ce que Dieu a créé est plus beau encore ! Et je m'écrie : Le travail a tout fait, car Dieu a travaillé ! Son éternité n'a été, n'est, ne sera qu'une suite sans fin de perfections sans limites, comme lui-même !

Le travail c'est le mouvement de l'homme, comme l'entretien de l'univers est le mouvement de Dieu ! L'un est inséparable de l'autre. Voyez ce que produit l'homme laborieux ! Non-seulement le travail lui assure la satisfaction de tous ses besoins physiques, mais encore l'élève à la hauteur des merveilles éternelles qui lui servent de modèle. Dieu donne aux fleurs leur robe virginale sur laquelle brillent les plus fraîches et les plus éclatantes couleurs ; il revêt d'épaisses fourrures les animaux qui habitent les contrées hyperboréennes, attache des ailes aux oiseaux, les nageoires aux poissons, et voilà que par le travail, l'homme, jeté nu sur la terre, imite et la robe veloutée des fleurs et l'épaisse fourrure des animaux. Il donne à ses vêtements la souplesse et la flexibilité, les formes et toutes les couleurs ; il construit l'aérostat qui lui permet d'explorer les régions de l'air ; le vaisseau sur lequel il traverse les mers et porte sur toute la surface du globe ses lumières, son industrie, ses arts, ses sciences ; il dresse de superbes édifices ; il met à contribution la pierre, le bois, le fer, le cuivre, l'étain, le zinc, l'argent, l'or, le platine, le vernis, le verre, le cristal, le diamant ; et ses meubles resplendissent de tout l'éclat du luxe, s'adaptent à tous les besoins de la vie. Le zéphyr qui se joue dans les feuilles, l'ouragan qui mugit dans la profondeur des vallées, les éclats de la foudre, le craquement des rochers, le choc d'une pierre lui font distinguer les sons ; il les compare, les reproduit, et bientôt naît la musique, cette fille du ciel !.. Qui fait tout cela ? Le travail de l'homme, qui imite et copie Dieu ! A ce travail, qui élève, ennoblit, grandit, moralise les nations, il nous est donné à tous d'atteindre. Et dans mon enthousiasme je m'écrie : O germe éternel, esprit divin qui organise l'homme, tu es plus pur que le plus pur rayon du soleil. Un trait de lumière qui dans un clin d'œil remplit l'espace, en donne une faible idée, lui qui parcourt, pénètre et arrache tous les secrets de la nature !

Le travail est le seul moyen de justifier cette parole de la Genèse : *Dieu fit l'homme à son image !* Paroles qui nous démontrent que c'est la plus grande marque de bonté du Créateur de nous y avoir condamnés. Si l'homme avait été créé pour être insouciant spectateur de tant de merveilles qui l'environnent, l'étreignent de toutes parts, et lui montrent le travail partout et en tout comme le *criterium* de l'intelligence, alors seulement, alors, il me paraîtrait un être maudit, déchu, mille fois plus malheureux que l'hirondelle obligée de bâtir son nid, le castor de construire sa hutte, la taupe de creuser son abri souterrain. L'instinct seul des animaux lui conviendrait mieux, pour son rôle passif, que le feu divin de l'intellect qui brûle en lui. Serait-ce pour un tel rôle que Dieu lui aurait donné la conformation la plus propre à l'accomplissement de ses décrets éternels, en le destinant à être le continuateur et le régularisateur de la création ? Alors, pourquoi cette perfection, cette perfectibilité d'organes, cette exquise finesse de l'ouïe, cette précision de la vue, cette délicatesse du toucher, cette admirable structure de la main, qui, à elle seule, suffit pour distinguer l'homme des autres animaux ? Cette harmonie parfaite de détails et d'ensemble, cette corrélation, cette solidarité intime de toutes les parties dans le composé le plus parfait qui soit sorti de l'énergie de Dieu !

Le droit de propriété, basé sur l'exercice du travail, est le plus sacré de tous les droits. Il a été une des causes les plus puissantes à fonder les premières sociétés humaines. A celui qui, le premier, a cultivé un champ, ce champ est devenu sa propriété, sur laquelle il a établi sa famille, sa patrie, toutes ses affections d'hommes. Et quand il a entouré ce champ d'une ligne de démarcation, il a fondé le premier empire, en disant : « Ceci est a moi !.. » Et, loin d'avoir été un brigand, comme le prétend J.-J. Rousseau, il a consacré le plus imprescriptible de tous les droits : la propriété du travail !..

Ainsi, quand, d'un côté je contemple le travail de l'homme dans toute son ingénieuse et féconde activité ; quand, de l'autre, j'admire, en m'inclinant, le travail de Dieu, que je les compare entre eux, je vois que, dans tous les siens, l'homme n'a été que l'imitateur plus ou moins parfait de son Créateur. De ce labeur incessant, labeur physique, labeur moral, dépend la perfection progressive de l'humanité, qui n'a d'autre terme que Dieu lui-même, son principe et sa fin. Le travail est donc le mouvement ascensionnel, nécessaire, qui doit faire peser sa double obligation physique et morale sur toutes les races d'hommes qui se succéderont sur la terre jusqu'à la consommation des temps; travail du corps comme instrument de la mise en action de l'intelligence; travail de la pensée comme instrument du développement de l'intelligence; travail combiné, simultané du corps et de l'âme pour atteindre à la perfection morale, et non corvée brutale, appliquée, bornée à la production et à la consommation des besoins purement matériels de l'homme, et dont les socialistes de toute nuance font aujourd'hui la loi suprême de l'humanité.

En honneur! j'en rougis pour les docteurs de l'Évangile social de la chair; mais ne voir les richesses acquises par le travail des siècles que pour s'en emparer en *un tour de main!..* Borner ensuite toute l'activité humaine à la jouissance raffinée de ces richesses pillées, rétrécir le génie inventif de l'homme à la production plus ou moins abondante des choses qu'il pourrait dévorer avec plus ou moins de satisfaction bestiale, sous une règle sociale arbitraire, et, par conséquent, attentatoire à sa liberté et à sa dignité! C'est faire de l'homme créé à l'image de Dieu pis qu'une brute taillée sur le patron d'un immonde animal dont toutes les conditions de bonheur seraient dans l'abondance de son râtelier.

O socialistes! si le peuple veut toutes ces choses, nous allons lui enseigner le moyen de les obtenir sans se faire pillard, ni assassin, ni voleur. Vous y perdrez votre part, la part du lion, mais lui aura la sienne tout entière. Qu'il satisfasse au devoir du travail, et il aura votre droit au travail dans sa plénitude, et avec tous les avantages qui en découlent. Ce qu'il faut, ce n'est pas piller, c'est préparer le champ qu'on doit défricher, labourer, ensemencer ; c'est protéger la moisson pour la récolter ; voilà l'ordre immuable qui mène au bien-être de la vie matérielle. Dévaster, piller le champ, l'occuper pour que personne ne le cultive ; voilà le désordre, la perfidie, le brigandage, le crime de lèse-humanité. Permis à vous, ô socialistes, d'en faire une vertu patriotique.

Socialistes, paresseux qui ne convoitez nos richesses que pour les dévorer dans le repos honteux de la débauche, levez les yeux et voyez si Dieu se repose sur ses richesses acquises ! Pourquoi voulez-vous que l'homme s'endorme sur les moissons que l'orage ou l'incendie peuvent dévorer ? La Providence dort-elle ? et qu'est-elle autre chose que la prévoyance éternellement laborieuse de Dieu ?

Il n'y a rien de plus prévoyant, de plus puissant, de plus moral, de plus divin que le travail, qui produit tout et fait jouir de tout ; car non-seulement il rend l'homme semblable à Dieu, mais il le rend encore le continuateur et le conservateur de l'œuvre de l'Éternel. Par le travail, l'homme est la seconde providence du Créateur, sa providence visible. Socialistes menteurs ! sachez qu'une république d'honnêtes gens est le palais du travail, et non une caverne de voleurs, de paresseux, d'ivrognes, de jaloux, d'envieux et de vaniteux cosmopolites !

DEMANDE.

Mais les socialistes, loin d'être paresseux, sont, au contraire, d'une activité infatigable, et si l'amour du travail est une vertu républicaine, au moins ne pourrez-vous pas leur nier celle-là ?

RÉPONSE.

J'ai bien peur qu'ils ne prennent vos observations pour une épigramme. Je sais, et tout le monde l'a pu voir, que l'activité des méchants est très grande, qu'elle mettrait sur les dents les plus rompus à la fatigue, si on ne la contenait pas avec le mors et le frein de l'indignation publique. Les méchants ressemblent aux frelons qui se donnent plus de mal pour piller la ruche, que les abeilles pour y distiller leur miel. De même, le fourbe tourmente plus son cerveau pour trouver de nouvelles fourberies, que l'honnête homme dont le pied reste dans le sentier de la justice, ne se donne de mal pour demeurer constamment en repos avec sa conscience, en travaillant à sa propriété et à celle de sa famille ; mais le brigandage du frelon, ni la peine que prend le fourbe ne ressemblent pas plus au travail que le mensonge ne ressemble à la vérité !

Plus le méchant est actif, plus il est dangereux. C'est le contraire pour l'honnête homme. Le labeur, la peine du méchant, n'est jamais et ne saurait être le travail. L'honnête ouvrier travaille, lui, mais le forban pille à force ouverte, le voleur dévalise par

violence ou par surprise ; à coup sûr, ni la violence,
ni la ruse des deux derniers ne peut être le travail du
laborieux ouvrier. Direz-vous que le larron qui rôde
la nuit pour s'introduire dans la maison où il veut
commettre ses larcins, est laborieux parce qu'il passe
ses journées à forger des fausses clés, des pinces, des
limes et tous les instruments qui l'aident dans la per-
pétration du crime médité, et qu'il peut s'arracher
aux douceurs du sommeil pour venir la nuit dévaliser
cette maison ? Et cet écrivain socialiste qui, à l'étranger, se dit ouvrier de la pensée, et qui passe ses jours
et ses nuits à écrire ces livres, ces journaux, ces pam-
phlets dans lesquels il provoque les citoyens de son
pays au pillage, au vol, à l'incendie, à la guerre civile
en vertu du droit au travail ; est-il donc un si honnête
travailleur qu'il faille lui donner, avec un brevet d'im-
punité, le titre d'ouvrier laborieux.

Le philosophe socialiste monte sur la borne cent
fois par jour pour crier : « Travailleurs ! mes amis,
mes frères ! Vous êtes tout ! Les propriétaires ne sont
rien ! Vous n'avez rien ; ils ont tout ! Ce n'est pas
juste. Venez avec nous, nous vous donnerons des armes toutes chargées, nous dresserons des embûches
sous les pas des riches, nous leur tendrons en secret des piéges de toutes sortes ; et au besoin vous
ferez feu sur eux quand nous vous le commanderons.
Venez, travailleurs, mes amis, mes frères ! Nous
trouverons toutes sortes de biens et de choses précieuses ; nous remplirons nos maisons des dépouilles
de ces infâmes bourgeois ; nous partagerons toutes

ces richesses, et nous n'aurons qu'une même bourse !

Comment appellerez-vous cet ami des travailleurs ? Que font de plus, que disent de mieux ceux qui recrutent pour les bandes de brigands qui infestent les grands chemins et se réfugient dans les cavernes ? Ni les fourbes, ni les voleurs, ni ceux qui haïssent leurs frères, ni les fauteurs de guerre civile, ni les paresseux n'entreront dans la vraie République ; ils seront jetés dehors.

DEMANDE.

Le travail est donc une obligation absolue pour tous les membres de la République ?

RÉPONSE.

Oui. Qu'il soit riche ou pauvre, tout citoyen d'une République doit travailler.

DEMANDE.

Mais, si je ne me trompe pas, on ne travaille généralement que pour devenir riche, et jouir ensuite du repos que fait la richesse. Quel travail voulez-vous donc imposer aux riches ?

RÉPONSE.

Le plus noble de tous après l'agriculture. Le travail, obligation morale, ne consiste pas seulement dans l'emploi de nos forces physiques, de nos bras, de nos mains, de nos jambes : tous ne peuvent être maçons, cordonniers, tailleurs, serruriers, forgerons, mécaniciens, charpentiers, laboureurs ; mais chacun doit, dans sa position respective, travailler à développer son intelligence afin de l'appliquer, selon la mesure de ses moyens, à la recherche de tout ce qui peut légitimement améliorer le bien-être matériel et moral de ses semblables. Il y a des travaux manuels, il y a des travaux intellectuels, moraux et moralisateurs dont l'obligation, sans cesse égale pour tous, l'est plus particulièrement pour ceux qui sont favorisés des dons de l'intelligence et de la fortune ; aussi le riche est-il plus obligé que le pauvre, le savant que l'ignorant. Ils sont d'autant plus obligés qu'ils sont les plus riches et les plus intelligents, par conséquent plus à même d'accomplir ces travaux d'amélioration par la moralisation. Est-ce que la fraternité ne demande pas souvent un grand déploiement de forces morales et physiques, actives et incessantes ? C'est ce travail de la fraternité, c'est l'application de ses bienfaits, la pratique de tous ses devoirs qui constituent le labeur et la peine du riche ; si l'on peut appeler peine, labeur, la plus sublime manifestation de tout ce qu'il y a de beau, de bon, de juste dans un cœur fraternel, dans une âme vraiment républicaine.

Sublime et divine mission, vous êtes le travail du riche, la morale vous l'impose, la fraternité vous en fait un devoir doux, facile et avantageux ; car la fraternité est elle-même une source féconde de travaux agréables et productifs pour celui qui les donne et pour celui qui les exécute.

N'oubliez pas que la République c'est la morale en action. Elle exclut le vice et les vicieux; la paresse est un vice qui engendre tous les vices. Le paresseux est un être immoral. Il aura tous les vices. S'il est riche, il dira : Je ne veux rien faire, j'ai la clé de toutes les jouissances; à mon gré, j'en ouvrirai les sources. — S'il est pauvre, il tiendra ce langage : — Je ne veux pas travailler, je n'ai pas d'argent, c'est une injustice; qu'on me donne de l'argent : d'ailleurs, je suis trop faible pour travailler. La fraternité me doit du pain, je mangerai le pain de la fraternité. La fraternité est crédule, je lui tendrai mille piéges pour l'attendrir. Je serai aveugle, sourd, muet, boiteux, paralytique, épileptique à mon gré. Je mettrai des onguents sur mes membres pour simuler des plaies, des ulcères incurables, et je vivrai grassement de la piété publique. Si je suis découvert, je prendrai un drapeau et j'écrirai dessus : *A bas l'exploitation de l'homme par l'homme!..* Le DROIT AU TRAVAIL!.. Et je vivrai de la solde de l'émeute, jusqu'à ce que le triomphe de *la Sociale* me permette d'aller m'engraisser dans un phalanstère.

Mais qui a fait la maison du paresseux, son lit, sa table, sa chaussure, son vêtement, tout ce qui satisfait ses besoins ou augmente ses jouissances? ce n'est pas lui, il ne veut rien faire, et il veut jouir de tout : cependant le paresseux n'a droit à rien. Qui ne travaille pas n'est pas digne de vivre !

DEMANDE.

A quoi comparez-vous le paresseux ?

RÉPONSE.

A une plante vénéneuse ; au limaçon qui bave sur les fruits qu'il gâte en les suçant ; à la chenille que le jardinier écrase de son pied ! — C'est dans le berceau de la paresse que les préjugés, les utopies, les révoltes sanglantes, les abus pullulent ; enfin le génie s'y endort !

Le travail, au contraire, est une tâche providentielle imposée à l'homme pour s'assurer le maintien et la conservation de sa vie. Le travail de Dieu est le modèle du travail de l'homme. Le travail est un devoir imposé, une obligation pour tous et dont l'accomplissement libre et moral peut seul conférer des droits, et non un droit antérieur à lui-même qui n'implique que des devoirs illusoires, arbitraires, immoraux, liberticides.

Ainsi le travail est une des vertus indispensables à un vrai républicain.

PARABOLE.

Il y avait un champ naturellement fertile, et à la fécondité duquel avaient heureusement concouru les circonstances du climat et de la température du ciel.

Mais à peine le possesseur commençait-il à arracher les mauvaises herbes, à défricher les endroits incultes, que des méchants se ruèrent sur le champ que des mains actives se mettaient à labourer, et ils ravagèrent tout en une nuit, les nouveaux travaux et les anciennes cultures.

Alors les bons laboureurs furent obligés de s'interrompre et de garder, à mains armées, le champ menacé par les ennemis épiant l'instant favorable à leurs mauvais desseins, et, au lieu de semer et de récolter, de faire profiter aux fruits ceux mêmes qui les tenaient sous le coup d'une inquiétude incessante, ils passaient le temps à former des haies et à faire le guet, et ils laissaient subsister les plantes stériles ou nuisibles, et se reposer sur un sol qui ne demandait qu'à produire de bonnes et abondantes moissons. De cet état, tous souffraient et se plaignaient ; les méchants, chose monstrueuse, se plaignaient plus haut que les autres, et disaient que c'était par mauvaise intention ou mauvaise volonté que les laboureurs ne travaillaient pas.

Cependant les laboureurs ne cessaient de faire bonne garde. Irritée de voir le champ si bien défendu, l'armée des méchants se concerta pour en finir, et elle se précipita en masse sur les haies qui servaient à l'enclore et contre les hommes préposés à sa garde. Mais cette tentative désespérée ne tourna qu'à sa confusion ; l'armée du mal fut repoussée et ses chefs obligés de fuir. Alors les vrais laboureurs, les ouvriers dévoués, les hommes de cœur se réunirent tranquillement et se remirent à la tâche. Les terrains incultes devinrent productifs, et tous, même ceux qui avaient crié le plus haut contre l'inaction amenée par leurs menaces de tous les instants, profitèrent de l'amélioration et de l'accroissement des produits. On s'aperçut enfin qu'il valait mieux travailler que de se battre en disputant sur la production; que les journées employées à ensemencer, à cultiver le champ étaient plus profitables que celles que l'on perdait à le surveiller, et que la première condition de la fécondité, est la sécurité qui permet d'accomplir le grand et fructueux devoir du travail.

Peuple! ouvriers! riches! pauvres! Le champ c'est la France, terrain fertile, si tous les bras veulent s'unir pour le cultiver, en arrachant les mauvaises herbes qui sont les utopies socialistes et ceux qui les font et les propagent, en expulser les méchants qui sont les disciples, les esclaves des utopistes qui disputent sur la production; les hommes de meurtre et de pillage, les professeurs et les faiseurs de barricades, qui harcèlent constamment les vrais laboureurs, et leur font perdre, en combats fratricides à défendre le champ, le temps précieux qu'il faut à sa culture.

FIN.

MÉLANGES.

L'AMOUR DE LA FAMILLE.

———

Par une nuit sombre et pluvieuse j'étais attardé dans les environs de Paris. D'épais nuages voilaient la voûte diamantée des cieux. Tout était calme, pas le moindre vent n'agitait la feuille tremblante des arbres. A peine pouvais-je reconnaître le sentier qui conduit au village. Je marchais toujours, et toujours même silence. Toutes les portes étaient closes ; les volets appliqués contre les croisées, seuls laissaient échapper les minces rayons de la lumière. Fatigué, je m'appuyai contre le mur d'une maison ; il me sembla entendre parler. Je prêtai l'oreille. C'était une douce voix de femme. Je m'approchai pour demander à l'indiscrétion de quelques fentes du contrevent disjoint, le plaisir d'entendre ce qu'elle disait.

— Chut ! enfant, parlons plus bas ; ton père dort, il ne faut pas troubler son sommeil.

Approche, mon enfant, là, que je te sente et te touche. Bien, mon fils, tu es la chair de ma chair, les os de mes os, l'âme de mon âme. Je t'ai porté dans mon sein, nourri de mon lait, réchauffé dans mes bras ; bien des nuits se sont passées pour moi auprès de ton berceau où je t'endormais ; tes cris me faisaient t'en retirer au moindre signe d'une douleur ou d'un besoin. Pas à pas, je t'ai vu grandir ; tu es toujours près de moi ; je suis si contente, si joyeuse, si fière, que l'on dit en nous voyant : « *Heureuse mère !..* »

Enfant, je t'ai donné la vie, puis-je dire que la vie est un bien. Je veux faire plus, je veux éclairer les yeux de ton intelligence, les replier sur ton âme, afin que tu aies dans ta poitrine le cœur d'un homme, d'un père, d'un citoyen. Voudras-tu m'écouter. On a déjà parlé devant toi un langage faux et menteur, offert à tes lèvres le breuvage de l'erreur ; tes yeux se sont mirés au cristal de la séduction et de l'imposture énervante de la corruption du siècle.

J'ai eu tort d'attendre si longtemps. Oh ! si tu voulais m'écouter, la joie de la vie renaîtrait au sein de ta mère, elle serait doublement heureuse, et capable de se réjouir de t'avoir montré les abîmes de la création, sur la terre des hommes. Mon fils ! sur cette terre la vérité se montre et ne se fixe pas.

— Parle, mère, je t'écoute, mon corps est formé, mais il lui faut le lait du savoir ; mon cœur est neuf, il a soif de l'amour de ce qui est noble, grand et utile ; donne-lui la coupe qui produit et conserve la paix ! et mon âme s'élèvera haut dans la vie !

Un baiser sur le front du jeune homme fut la réponse de la mère, dont la voix émue par la tendresse indéfinissable d'un cœur maternel prit un accent qui m'arracha des larmes.

— Mon enfant ! beaucoup viennent sur la terre des vivants, y demeurent et disparaissent sans bruit. On dit d'eux : « *Ils ont vécu!..* » Ce n'est pas vrai. La plante sur le sol, la mousse sur le rocher, l'arbre dans la forêt vivent comme ces gens-là, et sont plus utiles. Beaucoup s'agitent, courent çà et là après l'argent, en amassent, mènent grand train et disparaissent, et l'on dit : « *Ils ont vécu!..* » C'est un mensonge. D'autres courent après les honneurs, les emplois, les dignités ; font bâtir des palais, ont une multitude de valets pour les servir, mille yeux pour les voir, mille voix pour parler à leur place. Ils meurent, on les enveloppe dans des bandelettes de soie, on les momifie dans des parfums aromatiques, on les couvre de marbre, et l'on y grave ces mots : « *Ils ont vécu!..* » Dérision, parole trompeuse, mon enfant. Ce n'est pas vivre que de naître, croître, boire, manger, dormir, s'agiter dans le cercle étroit de son égoïsme, de sa sottise ou de son astuce. Les loups et les renards vivent ainsi ; le dindon qui glousse est plus utile que l'homme qui accomplit plus ou moins bien toutes les fonctions de l'existence animale. Beaucoup viennent en ce monde, peu y vivent. Beaucoup sont appelés, peu sont élus. Jette les yeux sur tout ce qui se passe autour de toi, et tu auras vu l'univers entier, sans faire à pied le tour du globe. Dans cette pauvre France, comme partout, compte combien il y a d'êtres humains, rampant sur le sol, et qui n'ont de l'homme que la figure. Hélas ! si tu pouvais fouiller dans leur pensée, si tu pouvais assister à tous les actes de leur vie, que tu voulusse peser aux balances de la raison toutes les idées qui bouillonnent dans leur cerveau, se croisent, se heurtent, se mêlent, se neutralisent l'une par l'autre, oh ! alors, mon enfant, tu sentirais trop de pointes aiguës pénétrer dans ton cœur et ton âme. Tu frémirais, et bientôt, accablé sous l'excès de ces divers sentiments, le sarcasme jaillirait de ta bouche et les larmes couleraient sur tes joues consternées.

Mon fils, ne te livre pas à cette étude. Celui qui voudrait sonder ces abîmes ouverts par la corruption, est semblable au voyageur qui se trouve sur le bord d'un précipice, et, dont l'œil n'a pu mesurer la profondeur. Que de fils composent le tissu d'un État ! que de ressorts secrets concourent à son mouvement ! Et cependant, depuis 1848 le désordre est l'état normal de l'Europe. Il s'agit de recréer par des leçons de sagesse le monde moral. Qui fera cela ? L'amour des mères et la foi qui naît au cœur des enfants !..

Mon fils, souviens-toi que les hommes comprimés par l'aveuglement et l'inertie, sont passionnés sans raison, et par contre, méchants et malheureux. Ces hommes pourraient ouvrir les yeux à la lumière et redevenir bons et heureux. Mais les docteurs socialistes ne leur montrent la liberté qu'au milieu des scènes d'horreurs, de sang, d'échafauds et de spoliation ! Que cette vérité monstrueuse soit constamment présente à ta pensée. Je veux te mettre sur une voie nouvelle ; pour y marcher, laisse derrière toi toute autre préoccupation. Le cœur d'une mère connaît trop l'amour pour se tromper. Mais souviens-toi que tous les hommes sont frères.

— Bonne mère, tes paroles font couler dans mon âme le lait de la sagesse et de la raison ?

— Chut, enfant ! Je vois que tu me comprends ?

— Oui, mère ! J'écoute ton enseignement.

— Eh bien, que la charité, cette noble fille du ciel, soit l'égide de ton cœur et ton guide vers le soulagement de l'humanité.

O mon fils ! ne sois pas étonné de voir partout, en haut, en bas, sur les côtés, dans le milieu, des hommes injustes, tout matériels, fourbes, menteurs, fripons et au besoin anthropophages, comme ces hordes sauvages qui n'ont des hommes que la figure, ils veulent faire le malheur de la France !

— Mère ! pourquoi cela ?

— Mon enfant, ils sont jaloux de sa gloire et de sa prospérité, et la vérité, remuée par tant de bras et d'esprits, n'a pas su, dans leur cœur, garder le piédestal que la souveraine raison de toutes choses lui a assigné de toute éternité. Nous, pauvres mères, nous donnons la vie à des enfants, et on nous les prend enfants pour en faire des hommes, quand nous sommes seules aptes à les rendre tels. Les besoins de la société les réclament pour attacher l'un sur des livres où le cerveau cherche sa pâture intellectuelle, l'autre sur le dur métier qui est son lit de douleur, tous pour les livrer à une société bâtarde, sans corps, sans âme, sans cœur et sans entrailles.

Que devient ces malheureux êtres jetés violemment hors des limites de la raison, eux qui sont à peine initiés à la vie matérielle, à ses exigences et à ses besoins, transplantés au milieu d'une société qui est la contradiction vivante et perpétuelle de tout ce qu'il y a de bon et de généreux dans la nature. Les forces leur sont venues, et l'emploi de ces forces les cherche, les attire et les pousse dans ce conflit perpétuel d'intérêts divers qu'on nomme le monde. Là, que deviennent-ils ? Regarde : A une éducation physique incomplète succède une plus mauvaise éducation morale. Ces enfants deviennent oppresseurs ou opprimés, des esclaves, et pas un homme libre, partant pas un être moral. Partout, au contraire, surgissent les impulsions d'appétits dépravés, de penchants monstrueux, mis en mouvement par l'égoïsme essentiel de l'individualisme.

O mon fils ! Est-ce à dire que les hommes naissent bons ? non sans doute. Mais tous sont appelés à le devenir. Ainsi est notre condition transitoire sur cette terre, que l'homme le plus doux peut parfois se sentir au cœur la rage du vautour. Tel est simple comme l'agneau, qui, au besoin, aura la finesse atroce et l'artifice mortel de la vipère. Si nous sondons nos cœurs, nous nous trouvons durs et sensibles, oppresseurs et compatissants, égoïstes et dévoués. Toutes les bonnes et mauvaises qualités se heurtent en nous, et se développent selon les circonstances. Souviens-toi, mon enfant, que ces contrastes disparaissent quand chacune de nos passions est dirigée par la vérité de la sainte morale que le gouvernement veut faire surgir.

Oui, mon fils, nous avons des fibres pour toutes les passions, bonnes ou mauvaises, pour tous les sentiments, justes ou iniques, pour tous les penchants, généreux ou pervers. A quoi les comparerais-je ? aux cordes métalliques d'un clavier qui résonnent avec mélodie sous la main savante de l'artiste ou déchirent l'oreille par leur discordance sous des doigts inexpérimentés. Ces sons graves, aigus, heurtés au hasard, sont-ils mauvais ? Non. De même, nos passions ont leur destination dans le mécanisme de notre vie d'activité et de relation ; les doigts de la justice savent les faire concourir à l'harmonie générale ; tandis que ceux des vicieux, les docteurs socialistes bicolores, les font hurler souvent à dessein pour s'exempter d'être bons et justes en disant : « L'homme est un animal, dont les mauvais penchants, la misère, les crimes, la faim, l'emporteront toujours sur ses inclinations aux choses honnêtes, justes et louables. Rendons-le esclave, il faut le subjuguer, le museler pour le conduire, l'enchaîner pour le maintenir sur la litière que nous lui ferons, sinon une fois au pouvoir il nous accablera. »

De cette manière l'on fait des forçats, et quand ils rompent leurs chaînes, ils prennent la place de l'argousin et envoient leurs maîtres aux galères ou en exil.

Mon fils, tu n'es qu'un pauvre enfant ; si je t'instruis, c'est pour que ta voix soit forte comme celle d'un apôtre de la vérité, et que le sang de tes veines ne craigne pas d'arroser la cime du Golgotha, pour le bonheur de la France !..

Après un moment de silence, la mère reprit : — Mon fils, je me réjouis de ce que ton âme est encore vierge du souffle des faux philosophes. La vérité, cette science de la justice, descendra sur toi pure et intègre. Elle n'est pas sous le joug des socialistes. Elle ne dépend pas d'eux. Sa recherche ne leur sera jamais confiée. Ils passeront à côté sans la voir. Ne la leur demande pas, ils ne la connaissent pas plus qu'ils ne connaissent Dieu. Ils disputent sur elle et sur lui, comme s'ils pouvaient au gré de leurs passions les changer ou les restreindre. Ils existent en eux-mêmes, dans leur essence, et il leur serait impossible de ne pas exister. En l'absence de tout ce que nous voyons, ils surnageraient, abstraits, limpides, éternels, à la surface de l'invisible. Comme Dieu, la morale est absolue.

Pourquoi l'homme est-il malheureux ? parce qu'il dédaigne la morale. Quel est le plus terrible dissolvant du bonheur des enfants des hommes ? Mon fils, c'est qu'ils méconnaissent leurs pères, leurs frères, leur prochain ; qu'ils ont profané, souillé, brisé le sanctuaire du foyer domestique ; détruit la famille, en Dieu, dans le pouvoir, dans l'homme.

— Mère ? qui nous remettra dans la voie de notre destinée ?

— Mon fils, la famille, oui, la famille !.. Oh ! qui comprendra la force de l'union des parents ? Les faux philosophes l'ont corrompue. Au milieu de la foule cherche un homme ! Où le trouveras-tu ? Est-ce aux champs? regarde !.. Il n'y a que des bêtes de somme. Est-ce à la ville ? On n'y voit que des loups, des renards, des serpents et des oiseaux de proie. Est-ce dans le grand monde de *la légitimité*? Bon Dieu, n'approche pas de cette classe, on n'y voit que des livrées, et dessous l'hypocrisie, et par dessus tout la voracité des vampires. Dans *ce monde*, qui aspire au pouvoir par la fraude, et pour le malheur du peuple, on y vend les faveurs, on y achète les grâces, on vous y suce votre or et le plus pur de votre sang par les pores de l'âme et du cœur.

Mon fils, ce tableau qui t'indigne est d'une effrayante vérité. Songe que la force des méchants est dans le découragement des bons. Que peut-il t'arriver de pis que de suer sang et eau comme tu fais, de te nourrir du pain de la douleur, de dormir sur la pierre de la montagne ou la terre humide des champs.

Mon fils la vie est courte, elle est composée de contraires ; l'harmonie des choses naît de la lutte des éléments rivaux. Promets-moi que quels que soient les événements qui se passeront dans le cours de ta vie, toutes tes pensées, tes paroles, tes actions seront pour la vérité et la justice. Car vois-tu, mon enfant, le mortel qui donne toute sa vie de bons exemples, ne laisse après lui que d'honorables souvenirs, et Dieu bénit sa mémoire !

— Mère, je te le promets.

— Mon fils, les hommes qui font la gloire de l'humanité languissent, souffrent et meurent sans qu'on les secoure. La vertu n'a point pour but l'inimitié et l'anéantissement de tout ce qui existe de bien ; elle ne porte pas obstacle au bonheur d'autrui. C'est un sentiment moral, constant, d'une origine céleste, dont les élans sont utiles au bien-être de tous.

Un jour le Verbe fit retentir à l'oreille du monde ces saintes paroles : *Ne fais pas à autrui ce que tu ne veux pas qu'on te fasse.* Il n'en fallait pas davantage pour remettre l'humanité dans sa voie. Mais l'homme isolé au milieu d'un monde exclusif, d'une société conventionnelle ayant ses vices et ses vertus déduits de son intérêt particulier, est un être anormal livré à tous les appétits déréglés de son instinct égoïste. Il vit, séparé, au milieu de tout, agit, détaché, dans la grande action humaine fractionnée en autant de moyens qu'il y a d'intérêts particuliers pour mobiles. Toutes les forces divergent à l'individu ; nulles ne se concentrent sur l'ensemble, sur sa marche progressive, ascensionnelle dans l'ordre physique ni dans l'ordre moral. A quoi bon ? L'individualisme a tué la charité ! Est-ce là qu'il faut chercher l'union, la paix et la concorde ? Non. La famille humaine disloquée n'a plus que des membres arrachés au tronc qui leur donna l'existence. Partout, ses rameaux étiolés cherchent une nourriture factice dans les serres chaudes d'une civilisation impuissante, des intérêts mesquinement groupés sous des formules menteuses, semblant fonctionner avec ordre, mais au fond n'ayant que la régularité, la dépendance mécanique des pièces d'un trébuchet, où le pauvre oiseau, fasciné par l'abondance des vivres, va perdre sa liberté et souvent mourir de faim.

Ainsi vont les fractions de la grande famille humaine, s'entourant de forteresses individuelles, s'attaquant, se défendant, tantôt triomphantes, tantôt écrasées par la ruse et la perfidie, seules armes de leur égoïsme. Ne sois pas ainsi, mon fils ; si tu t'isoles, que ce soit cette noble indépendance qui sépare l'agneau des loups ; et du désert que tu te feras, crie au monde : « Holà ! vous tous qui encombrez les chemins, les rues, les places, les cités, faites place, voici qu'il faut aplanir la route de la vérité ; préparez les sentiers de l'équité pour que tous les hommes y puissent marcher. »

Myopes, qui ne voulez rien voir au-delà de vous, de ce qui est de vous ou se rapporte à vous, considérez qu'il y a votre père, votre mère, vos frères, vos sœurs, et que tous sur cette terre vous ne formez qu'une seule et même famille, qui est l'humanité, et dont les clameurs retentissent en plaintes depuis des siècles contre vous !

Hors de l'humanité, en quoi seriez-vous coupable, quel mal vous serait-il permis de commettre, quel bien vous serait-il possible de faire si vous comprenez sa loi, qui résume si laconiquement, si clairement, vos droits et vos devoirs, non plus comme membres séparés, mais comme des branches soudées au même tronc qui vous fait vivre et fructifier. Toutes vos obligations, toutes les règles de votre conduite, d'où dépendent-elles, si ce n'est du rapport avec vos semblables, les fils d'un même père qui est votre père.

O vous que la nature a doués du génie de l'éloquence et de l'amour des hommes, montrez-nous tout ce que l'avidité du pouvoir, le fanatisme, l'ignorance et la crédulité ont produit de maux ; gravez sur l'airain leur souvenir, vouez à l'exécration de la postérité la mémoire des coupables, faites trembler les méchants, rassurez l'homme juste, et vous serez bénis à tout jamais !

Mon fils ! laisse crier les sots, ne les écoute pas ; laisse leurs vaines clameurs se perdre dans leurs nébuleuses élucubrations. La morale est une ; l'humanité une. Va plus loin : la divinité dans son unité résume l'humanité ; et sa loi unique absolue, n'est pas arbitraire comme ils la font. La morale manifestée à l'humanité est une émanation de l'essence de Dieu. Marche sans crainte sur ce terrain, il a ses fondements dans l'éternelle raison des êtres, et remonte au créateur. Je te donne cette philosophie et cette religion du cœur. De leur union indissoluble naît la lumière que tu dois porter aux hommes. Qu'ils l'adoptent, qu'elle les éclaire, et le monde est sauvé !

La famille humaine est d'institution divine, elle est la condition et le développement de son être. Elle a ses droits et ses devoirs tracés en caractères visibles et compréhensibles pour tous les yeux et toutes les intelligences. Les racines de ses obligations sont dans la morale. Mais elle est tombée sur la pierre ou le long du chemin. Beaucoup l'ont foulée et flétrie, peu l'ont recueillie dans leur sein pour en être les échos vivants. L'ivraie qui les environne les étouffe.

Tu parleras aux docteurs, aux hommes de l'ancien régime, aux écrivains, aux législateurs, à ceux qui lisent la loi qu'ils ne comprennent pas, et qui l'expliquent à ceux qui ne la pratiquent pas mieux que ceux qui leur enseignent. Tu souffleras sur toutes ces doctrines inventées et imposées aux imaginations appauvries des hommes, qu'ils ont posées comme des couvercles de four pour étouffer les charbons de la plus ardente sensibilité, éteindre les passions généreuses et détruire l'humanité dans l'homme.

Va, mon enfant, tu diras aux hommes ce qu'on n'ose pas leur dire, et tu réduiras ainsi les fausses doctrines au silence, parce que tous ces hommes ont peur ; ils feront naufrage dans leurs sourdes menées ; ils tomberont, et avec eux l'édifice qu'ils ont construit, les tours qu'ils ont élevées l'une contre l'autre pour s'y retrancher, et les remparts qu'ils ont bâtis pour nous attaquer de loin sous un faux masque.

Je compte sur toi pour dire aux uns et aux autres : « Faux docteurs, n'est-ce donc point assez de souffler la discorde et la haine sur l'humanité, sans que vous veniez encore transformer nos foyers domestiques en arène de querelle. Le père est contre le fils, la fille contre sa mère et son frère ; et le front soucieux du père de famille, brisé par le travail, redoute jusqu'au lit conjugal, comme on fait d'un nid de couleuvres. »

Que celui qui entre dans une maison où règne la

paix et la sérénité, filles de la conscience? que celui qui voit un semblable ménage, le dise, l'écrive et le répète partout, afin que le tableau qu'il en fera devienne le modèle de tous les lieux où des hommes naissent, vivent, travaillent et meurent ensemble.

Moi qui te parle, ô mon fils, me comprends-tu? Tous les philosophes politiques ont dit : « Ceci est bien, cela est mal! Et leur jugement une fois porté, ils ont ajouté : Quand nous serons au pouvoir ceci sera toujours bien, cela sera toujours mal ! » Mais qui d'entre eux a défini le bien et le mal? Sous ce niveau arbitraire, ils veulent courber les têtes, et quand une dépassera ils la couperont, afin que rien de l'homme ne soit hors du cadre de fer qui étreint l'humanité en un bloc inerte, qu'ils veulent nommer la famille, la nation, la patrie. Et l'âme, abrutie par les mœurs qui la corrompent, qu'ils propagent sans cesse, s'endurcit dans le vice et n'est plus capable de vigueur ni de civisme au moment où la patrie les réclame.

O mon fils! tu chercheras en vain la patrie, la nationalité, la famille dans ce châssis de fer. Il n'y a que des cadavres vivants. Les hommes y sont semblables à ces figures de bois que les faiseurs de jouets fixent par les pieds sur des tringles mobiles qui s'allongent et se raccourcissent à volonté, sans que jamais ces figures puissent quitter la place où elles sont rivées. Ainsi faisaient-ils de l'humanité. Ils ont mesuré l'espace et le mouvement au compas du pouvoir intéressé, brutal, avilissant qu'ils veulent nous faire.

Mon fils, ils diront : « La nation est un amas d'hommes ignorants, abrutis par l'intempérance, les désordres, la dépravation, la bassesse, la misère de ce qu'ils nomment la civilisation. » Dérision, raillerie ; des parcs, des moutons, des chiens, des bergers, des maîtres qui vendent, achètent, tondent et tuent !.. Beaux chefs d'une belle nation, vraiment, que les socialistes bicolores. Et la patrie, mon fils, la patrie, cette mère commune, où est-elle ? Les dominateurs une fois au pouvoir te répondront : « Ce vil troupeau broute dans les gras pâturages de l'égoïsme ! »

Ruez-vous donc sur la nation, ô socialistes ; déchirez votre patrie ; engraissez-vous de ses dépouilles opimes ; roulez-vous dans les flots de son or, prix de ses sueurs ; prenez ses habits les plus moelleux, ses vins les plus exquis, son froment le plus pur, et chantez une hymne patriotique en actions de grâces !

Ils ne connaissent pas la patrie ; laissons-les, mon fils, ils l'ont oubliée !.. Nous, mon enfant, nous nous souvenons, parce que nous aimons, parce que les nôtres ont aimé, et qu'aux jours où le cœur régnait à la place du cerveau, aux jours où la simplicité des âmes était pleine d'expansion, on faisait de la famille une union d'amitié.

Mon fils, l'amour de l'équité te fera fort de la force qu'il met au cœur des mères pour le bonheur de leurs enfants, et cette puissance concentrée dans la famille, rayonne sur la patrie, leur seconde mère, pose la vigueur de la loyauté dans leur poitrine , pour être les leviers qui replaceront le monde sur son axe et rétabliront l'humanité dans son sanctuaire !.. »

Dans cet instant, tout rentra dans le silence ; et je continuai ma route en repassant dans mon esprit tout ce que je venais d'entendre. Quelles vérités, si elles tombaient sur les faux docteurs ! Comme ils riraient de la folie fiévreuse de cette mère. Mais que leur font à eux la franchise et la bonne foi, qui ne brillent que dans les lieux qu'ils n'habitent pas, pour illuminer des existences inconnues.

La vie, qu'est-ce donc ? Celui qui nous en gratifie, pourquoi nous la donne-t-il ? Moi-même, éprouvé par tout ce qui la froisse et la tue, que dois-je penser de son but et de ses moyens ? — Philosophe, j'ai discuté avec tous ceux qui se disent tels, et mon intelligence, embarrassée à chaque aspiration vers la vérité par les ronces et les épines de la dispute, le sophisme du paradoxe, les subtilités de l'école, se trouve plus que jamais dans les ténèbres de l'incompréhensible.

Cette femme avait raison. Les faux docteurs sont aveugles. Son cœur maternel n'a pas osé les flétrir d'un autre nom. Plût à Dieu qu'ils ne fussent qu'aveugles. Mais ils disent : « Que nous fait l'humanité. Les
» hommes sont insociables par nature, par paresse ;
» ils sont envieux et corrompus, muselons-les ; nous
» sommes forts, et nous ferons de si bonnes lois, qu'il
» faudra bien qu'ils obéissent. — Socialistes ! l'ourse
» muselée est encore à craindre, car elle peut briser
» ses liens: mais l'ourse à qui on arrache les dents et

» les ongles, on la méprise et on la hue. *Le socialisme*
» *bicolore, pour la tranquillité de la France , doit*
» *avoir les ongles et les dents arrachés!.. »*

Oui, messieurs les socialistes, la force, toujours la
force! Mais soyez en tout temps, toute rencontre,
toute occasion, forts et puissants, car un seul élan
plus vigoureux que le vôtre, vous jetterait dans l'enfer du malheureux. Oh! alors vous seriez heureux de
trouver l'humanité vivante dans le cœur des hommes
qui sont à la tête de l'État, afin d'avoir cette goutte
d'eau que le mauvais riche refusait à Lazare. Que
serait-ce si Dieu, Dieu juste par dessus tout, leur
défendait de la laisser tomber sur vos lèvres brûlantes et desséchées.

Riches! qui aspirez frauduleusement à tout bouleverser, faites le bien, et la patrie verra se resser-
rer les liens d'affections qui doivent unir tous ses enfants. La famille, soutenue dans la lutte contre l'esprit
tentateur, la haine et la basse envie; la famille, re-
trempée dans les eaux limpides du baptême de la
charité, redeviendrait le sanctuaire de la paix et de
la force. Nul frère n'aurait à redouter un nouveau
Caïn. L'amour des pères, la tendresse des mères
rayonneraient sur les fruits des unions saintes, ils
étendraient leurs bienfaisantes influences jusqu'aux
âges les plus reculés, et l'humanité, rentrée dans sa
voie, n'aurait qu'un cœur, une âme, une famille,
une patrie!..

L'UNION CONJUGALE.

I.

J'étais, dans ma triste habitation, à réfléchir sur la destinée de l'homme isolé sur cette terre; je me disais : l'existence est si belle, passée avec ceux qu'on aime!... Et moi, je suis seul, complètement seul!... Que j'ai souffert dans le voyage de la vie!.... A ma naissance, un vent brûlant et corrosif a soufflé sur mes jours, les a flétris, séchés, les a dévorés sans relâche!..... L'océan du monde m'a balancé sur son gouffre; mon Dieu, faites que j'arrive au port sans naufrage!

D'une enjambée, j'arrive au berceau de l'humanité. Là, la Genèse m'enseigne à connaître les premières journées du monde. J'y vois l'homme sorti des mains de son divin auteur et aussitôt proclamé roi de l'univers; et, pour lui en assurer le sceptre, Dieu lui donne une compagne qu'il tire de lui pendant son sommeil. Complément de l'homme, sortie de l'homme, elle est livrée à l'homme par son créateur et l'union naturelle. Le premier mariage est accompli sous les ombrages fleuris du jardin d'Eden.

Comment ce mariage est-il conclu ! Dieu prit Ève par la main, la présenta à Adam, et lui dit : *Voilà ta compagne; croissez et multipliez!...*

Le mariage fut ainsi fondé, institué et impérieusement commandé par l'Éternel. Ici la formule si simple de croissez, multipliez, s'adresse avec égalité à l'humanité tout entière dans la personne de deux êtres qui renfermaient en eux le développement et l'accroissement de toutes les générations. Cette union, ce mariage est une condition faite par Dieu à l'homme pour perpétuer son espèce,

Dans les temps primitifs, alors que les hommes étaient peu nombreux et que le besoin de secours mutuels se faisait vivement sentir, les unions naturelles durent se multiplier avec un entraînement dont on se ferait difficilement une idée de nos jours. La nature, vierge alors, n'avait pas, comme à présent, cédé le terrain à cette nature parasite qui soumet sa fécondité au plus ou moins d'écus donnés ou apportés en dot.

Je considère, dans ses rapports naturels, le mariage comme le plus sacré de tous les liens. Fondé par Dieu, il est la base de la noble et grande famille humaine. Sans lui, la création était sans but relativement à elle; et sans l'éternité de cet attrait invariable qui porte les deux sexes à s'unir, bientôt la population, tarie dans sa source, ne ferait de notre globe qu'un vaste désert.

Plus les hommes se sont corrompus, plus les bons mariages sont devenus rares. Est-ce à dire que la loi divine ait perdu de sa vigueur dans le cœur de l'homme? Non. L'homme social a fait d'elle ce qu'il fait de tout ce qu'il touche ; il l'a rendue nulle en l'anéantissant dans ses résultats. Tout ce que la civilisation enrichit, rend puissant, est corrompu et nous donne la mesure de la progression destructive des institutions naturelles et religieuses. Là, les mariages sont nuls ou intéressés. La forme sociale fait l'union à son gré. Du cœur, des sentiments, des besoins, pas un mot ; l'argent tient lieu de tout. Les convenances, la dot, l'égoïsme, l'ambition, quelquefois pis, sont les motifs déterminants. Après cela, peu importe que les époux ne se puissent ni voir ni sentir ; la question n'est pas là. L'accouplement est monstrueux, mais il est dans les exigences du monde !

Quand la dissolution des mœurs est portée au point de rendre le mariage légal stérile, ou même de l'anéantir tout-à-fait pour lui préférer les liens bâtards d'une union honteuse ; quand l'égoïsme est devenu tellement froid et sordide qu'il préfère à l'un et à l'autre de ces deux moyens les ignobles émonctoires de la prostitution, oh ! alors le législateur, averti du danger d'une semblable abjection sociale, met tout en usage pour attaquer et flétrir le célibat.

Des hommes ironiquement moralistes ont avancé ce paradoxe : « L'adultère est le correctif du mariage, comme la contrebande est le correctif des lois douanières. » Cette maxime, tout affreuse qu'elle est, a un côté vrai par l'insouciance générale qui préside à toutes les institutions sociales.

La loi religieuse et civile de Moïse donnait la lettre du divorce pour répudier la femme. La loi de Jésus défend expressément de répudier sa femme, si ce n'est pour cause d'adultère. De nos jours, où l'on n'est ni juif ni chrétien, le divorce a disparu de nos codes. Pourquoi Moïse donna-t-il à l'homme la liberté de se séparer de sa femme? C'était la conséquence du pouvoir absolu qu'il avait sur elle. Cet empire donné par Dieu est le droit naturel, ce que prouve la loi du législateur hébreu.

La charité chrétienne, plus portée à l'amour et au pardon, exige l'adultère pour en justifier l'usage. Sous le point de vue humanitaire, la loi de Jésus-Christ fut un véritable progrès. Elle bride l'injustice de celui qui ne craint pas de chasser honteusement et sans sujet légitime une mère de famille, une femme vertueuse peut-être, pour se livrer à tous les excès d'une passion déréglée et infâme. C'est le reproche que Jésus fait aux Hébreux de son temps. Il dit : « C'est à » cause de la dureté de vos cœurs que Moïse vous a » permis de donner la lettre du divorce; mais au » commencement il n'en était pas ainsi. » Voulant réprimer les excès affligeants et scandaleux de son époque, il fit comprendre à l'homme qu'il n'avait le droit de répudier sa femme qu'autant qu'elle aurait rompu le pacte solennel qui l'unissait à lui par le plus ignominieux oubli d'elle-même, la prostitution !

Le mariage, comme on l'a fait de nos jours, semble

n'être qu'une simple convention entre les parties. Cette convention, basée sur tout autre chose que le sentiment de la conservation de l'espèce, subit le sort de toutes les idéalités humaines ; elle dépérit, devient nulle, et ne ressemble au mariage naturel que par le côté brutal. Sous ce rapport, l'union des animaux est supérieure à bien des nôtres, leur instinct ne s'écartant jamais du cercle tracé par Dieu.

La corruption des mœurs est aujourd'hui à son comble. Ouvrez les yeux sur les alliances monstrueuses qui se forment de tous côtés : elles vous annoncent la débauche la plus effrénée ; vous ne faites plus un pas sans rencontrer les images du vice : il se reproduit sous mille formes séduisantes. Les arts, les sciences, lui dressent des autels ; la littérature de *nos Antony* gâte le cœur et l'esprit ; la musique ne rend plus que des sons efféminés qui amollissent le courage et portent aux abus de la volupté. La danse n'a plus cette aimable souplesse qui disposait le corps à un maintien ferme et assuré : ce sont des attitudes lascives, des gestes indécents, des agaceries qui remuent les passions et enflamment les sens. Nos théâtres respirent la licence la plus déréglée : la raison, le bon goût, la morale, les mœurs, les yeux et les oreilles y sont également offensés ; les pièces qu'on y joue, pour moraliser et instruire le peuple d'une grande nation, sont d'un cynisme qui révolte les âmes honnêtes. Quelle licence dans les feuilletons de nos journaux quotidiens ! C'est là où, chaque matin, la jeune femme et la jeune fille puisent la dépravation qui leur paraît aimable et entraînante, cachée sous les fleurs poétiques du style. Tous les vices de notre époque ont perdu leur difformité sous la plume brillante des écrivains ; la grossièreté est le seul défaut qu'on stigmatise, parce qu'elle répugne à nos sensations nerveuses et délicates.

Quelle liberté dans les propos des réunions les plus honnêtes ! Combien on se permet d'équivoques licencieuses ! Avec quelle légèreté on parle de la vertu des épouses ! Comme on a l'art dangereux de distiller la calomnie et de tourner en ridicule la fidélité et les devoirs respectables des saints nœuds du mariage ! Les femmes, dans les assemblées, les bals, les soirées, les spectacles, sont mises de la manière la plus immodeste ; leur démarche est libre, provocante, effrontée ; elles affectent un air d'audace, de cynisme qui leur fait perdre cette aimable pudeur, cette sage retenue, cette candeur des vierges qui embellit et donne tant de puissance à leurs charmes. Au lieu de cette prudence qui est la voie du ciel, elles se font une espèce de gloire triomphale de conduire plusieurs hommes à leur suite ; les *lionnes* de notre époque ne se cachent plus ; elles ne rougissent pas de ce qui fait la honte du sexe. Quel exemple pour la jeunesse !

Le premier soin d'un homme qui désire une jeune fille pour en faire la compagne de sa vie, si cet homme veut trouver dans cette union tous les avantages naturels, sociaux et religieux qui y sont attachés, est de ne songer au mariage qu'autant qu'il possède luimême toutes les vertus d'un bon mari. Alors il trouve à remplir ses devoirs un charme inexprimable ; la gaîté accompagne ses travaux, le présent lui plaît, l'avenir lui présente des jours plus agréables encore. Chez lui, un nuage importun se dissipe aussitôt au souffle d'une mutuelle confiance, sainte et inébranlable comme la foi jurée. Ses distractions, ses jeux, ses plaisirs ne sont qu'à lui et pour lui ; il les concentre soigneusement dans le sein de son épouse ; ses enfants, gage précieux d'un amour inaltérable, sont sa joie et son orgueil. Ses plus chères espérances reposent sur eux et sont sa consolation ; l'appui qu'il en attend dans sa vieillesse ne lui faillira point. Il s'amuse de leurs jeux ; il est heureux de leurs caresses. A mesure qu'ils avancent dans la carrière de la vie, il les suit pas à pas, observe d'un œil avide et satisfait leur développement en force, beauté, grâce et sagesse. Chacun des traits de leur visage reproduit un trait que le père trouve dans le visage de son épouse, la mère dans les traits de son époux. Dans chacune de leurs actions, secondé par une sage prévoyance, il découvre le germe des talents qui les distingueront un jour : il jouit par avance de la succession non interrompue des jouissances que Dieu met à côté de l'homme et de la femme ; car le bon époux fait le bon père, l'épouse fidèle fait la sainte mère qui lègue à sa postérité cette hérédité de vertus, de pudeur et de chasteté qui, dans sa famille, sont une succession intarissable de plaisirs, de joies infinies de l'âme, qui se perpétuent, se multiplient comme les étoiles du ciel et fixent leur séjour au foyer domestique.

Voilà les vertus qu'un homme doit posséder s'il veut être digne du mariage. L'homme ainsi fait est tempérant, parce qu'il est sensible ; il est doux, affable, compatissant, parce qu'il est juste ; chez lui, la force, cette pureté d'âme et de corps, cette sagesse acquise, n'est qu'une garantie de plus du bonheur qui l'entoure. Aussi ne cherche-t-il, dans la compagne de ses travaux, que l'économe de sa fortune, le gardien incorruptible de son honneur, le véritable ami que nous cherchons dès notre entrée dans la vie réelle, et presque toujours si inutilement dans la société.

J'ai dit les qualités de la femme en citant ce que j'ai trouvé dans la compagne que Dieu vient de m'enlever, et qui un jour sera ma compagne dans l'autre vie ! la vie n'a été douce pour moi qu'au foyer domestique, car il est tombé bien des larmes douloureuses sur l'écheveau embrouillé de mon existence!... Que de fois mes journées ont été fatigantes et chargées de nuages!... Mais le calme du soir rafraîchissait délicieusement mon cœur ; alors, ma bonne amie, tu versais sur tout mon être l'encens et la félicité conjugale... Puis tout a été brisé sans retour... Il n'est donc pas de bonheur que Dieu n'arrose de larmes ?

Dans mes jours de souffrance, toi seule, ma bien-aimée, as été ma joie et ma consolation.... Je rends grâces à Dieu de m'avoir donné une si douce compagne ! Si j'ai eu des moments heureux, c'est à ton indulgence à qui je les dois. Jamais mon intérieur ne s'est appauvri en dévouement, en confiance, en amitié!.... L'Éternel m'avait donné trop de bonheur, il a tout repris.... Jamais d'amertume, de dépit sans frein dans nos paroles; jamais la haine ni l'animosité ne nous ont fait souffrir; toujours le ciel, toujours le paradis entre nous deux; c'est si bon de s'aimer!.....

Je suis devenu meilleur avec ma compagne; oui, c'est son amour, ses soins, son indulgence, son affection; c'est sa pureté, son dévouement, qui m'ont rendu meilleur. Elle était pour moi un trésor inestimable de bonté et de conseil! Que de fois ne m'a-t-elle pas dit : — « Ami, j'ai la conscience de ton » énergie; fixe, par un travail hardi, l'attention; » tente des choses extraordinaires : les hommes ne » savent gré qu'à ceux qui les étonnent. » — Elle présumait trop de mes forces, mais elle me voyait en épouse. Que son image et ses vertus restent à jamais gravées au fond de mon cœur!....

Dans mes peines de tous les instants, j'ai toujours invoqué la bénédiction des miens; mais personne ne venait.... L'homme abandonné de sa famille a-t-il donc besoin des dons du ciel!.... Malheur à l'homme qui n'a ni parents ni intérieur! Délaissé de sa race, il n'aura personne pour adoucir ses vieux jours, soulager ses misères et réchauffer ses membres glacés par l'âge et les souffrances!..... pas une main amie pour apporter la consolation et la joie dans l'agonie de son existence!... Il ne verra que Dieu, qui jugera ses actions!...

Si j'étais père, je dirais à ma fille : « Mon enfant !
un garçon d'une famille chaste et vertueuse demande
ta main ; elle est digne de lui ; j'approuve sa requête.
Écoute, ma fille : une âme de femme est la chose où
la main de Dieu a semé le plus de fleurs et répandu
le plus d'amour ! La première condition de bonheur
dans le mariage est, après une amitié sincère et inaltérable, d'y apporter le moins de défauts possible.
L'amour d'une femme pour son mari est une chose
sainte. Qu'il soit chaste comme Dieu le veut, comme
il l'a mis au cœur de toutes les créatures. Ma fille !
aime ton mari comme toi-même ; mère, affectionne-le
davantage. Veux-tu le rendre sédentaire ? fais qu'il
ne trouve pas ailleurs autant de grâces, de modestie,
de douceur et de tendresse que dans ton intérieur.
Ma fille ! fais provision de ces fleurs odorantes qui
attendent la nuit pour répandre leurs plus doux parfums ; conserve surtout dans le saint nœud du mariage tes mœurs pudiques de jeune vierge !... Si tu
as cet amour pour ton futur mari, il faudra le lui
prouver, non pas un jour, un mois, des années, mais
toute la vie et au-delà de la vie !......

» Ma fille, dans le mariage, une sincère affection est
la base d'un amour pur et inaltérable ; tiens à ton
époux, comme la feuille à l'arbre ; comme elle, ne
t'en détache qu'en mourant ! la félicité, pour être
inaltérable, doit être fondée sur la confiance réciproque d'une possession exclusive, inviolable, et sur
l'intérêt respectif des deux époux à ne rien faire qui
puisse déplaire à l'autre ni blesser le droit commun.

C'est de l'égoïsme à deux que vous allez faire, car vous ne devez plus être qu'un corps et une âme !

» Ma fille ! ce qu'il faut à un honnête homme, ce n'est pas une chenille rongeuse : c'est une créature simple, aimante, modeste, probe, intelligente, d'un jugement sain ; préférant sa maison, son coin de feu, la présence de son mari, les jeux et les caresses de ses enfants, à toutes les fêtes, les futilités à l'aide desquelles la vie n'est qu'un tourbillon incessant de folles joies, d'amères déceptions, où s'engloutissent les fortunes, le repos et l'honneur des familles ruinées, déshonorées, dispersées honteusement au souffle de cette corruption qui rit de ses dupes et les chasse après les avoir dépouillées. Ce qu'il faut à l'homme, c'est une compagne patiente, un économe qui dirige et adoucisse les travaux domestiques ; c'est un gardien infaillible de son honneur, à qui la porte du séjour céleste s'ouvre d'elle-même pour sa bonne conduite sur la terre.

» Mon enfant ! dans la vie conjugale, n'aspire pas à un ascendant trop marqué sur l'esprit de ton époux ; quand tu as raison, n'exige pas qu'il en convienne. Sois intérieurement satisfaite s'il te rend tacitement justice. Contente-toi d'une douce influence sur son cœur. Dans un bon ménage, la femme doit éviter le tort d'avoir toujours raison.

» Ma fille ! ne tire jamais vanité de tes charmes ; la femme n'est vraiment belle qu'autant qu'elle reflète sur son visage une belle âme. Dieu, pour faire aimer la vertu, lui a donné le sexe féminin ; ô toi, le diamant de ma vie, montre-toi digne de cet hommage, le plus beau que l'Éternel ait pu rendre à la femme !

» Dans le mariage, voilà tout ce qu'il faut à l'homme. Avec ces éléments, il construit l'édifice de son bonheur conjugal sur la roche, et quand viendront les vents et la pluie des orages, cet édifice restera debout au milieu des ruines de ses voisins ; car il aura suivi la leçon du sage en bâtissant sur la pierre dure, et non sur le sable qui roule. Son exemple servira de type aux mariages dans toute la plénitude des volontés de Dieu. L'amour, le travail, la constance, la protection dévouée d'un côté ; de l'autre, la soumission, l'affection, une tendresse profonde, l'ordre, l'économie, l'inviolabilité des serments aux devoirs des époux sont la somme de félicité promise à l'homme ici-bas. Ce mariage sera heureux, parce que l'Éternel le bénira sans cesse. Les enfants seront un nouveau lien qui resserrera les nœuds des époux. Les devoirs de la maternité seront remplis dans toute leur étendue, et soustrairont la femme au sanglant reproche de n'être mère qu'à moitié, car une telle épouse allaitera ses enfants.

» Ma fille ! voilà la conduite qu'il faut tenir pour agir sagement dans les saints nœuds du mariage. »

DAGUERRÉOTYPE CONJUGAL.

II.

PREMIER TABLEAU.

Arthur et Julia sont à peine engagés dans les liens
sacrés du mariage, qu'ils sont tout surpris de voir
qu'ils ne sont pas faits l'un pour l'autre; que leurs
caractères, leurs humeurs sont dans un antagonisme
des plus prononcés. Ils commencent par étouffer
leurs sentiments secrets, et de ce dépit mutuel naissent ces piqûres d'épingles morales qui lacèrent le
cœur, ces contrariétés qu'un rien fait naître. L'amour-
propre s'en mêle; c'est à qui ne cédera pas. L'autorité est disputée, et un beau jour la bombe éclate...

Oh! alors, plus de contrainte de part et d'autre;
ce sont des récriminations à n'en plus finir; on se
boude, on s'aigrit; l'indifférence se met de la partie,
on n'est jamais plus mal à l'aise qu'en présence l'un
de l'autre; à peine s'adresse-t-on la parole. Un *oui*
ou un *non* bien sec forme le répertoire du dialogue
conjugal; les attentions, les prévenances, les égards

s'envolent. Vivre ainsi n'est pas possible. Faire un éclat; on craint les malins propos. Cependant les jours sont longs, les nuits bien tristes, les années mortelles !

Chacun cherche au dehors des distractions à ses ennuis. Julia court les bals, les fêtes, les théâtres, promène son indolence dans les lieux fréquentés par l'opulence oisive ; elle perd les goûts simples des amusements innocents pour se livrer exclusivement au luxe, à la parure, à la dépense ; elle néglige d'abord et finit par mépriser les soins du ménage, et chaque jour voit naître un nouveau caprice qu'il faut satisfaire à tout prix. Julia, cette noble dame, est bien près de n'être qu'une femme perdue.

Arthur, dégoûté du lien conjugal, va retrouver ses compagnons de débauche : les déjeuners, les promenades au bois, les coulisses, les soupers, le jeu, l'orgie nocturne, les vierges folles le mènent promptement à la ruine de sa santé, de son honneur, de sa fortune et peut-être de sa vie. — Combien d'unions ressemblent à la sienne et n'ont pas d'autre résultat !

Maintenant les unions les moins scandaleuses sont celles où la vie publique des époux prête moins le flanc à la satire de la vie privée. Un vernis de convenance, un masque d'égards dans le monde suffisent à un mari. Que *madame* ne déshonore pas ostensiblement *monsieur* par une de ces intrigues que tous peuvent voir au grand jour, c'est tout ce qu'on lui demande.

— Pourquoi cela ?

— Parce que le mariage actuel n'est qu'une vaine formalité par laquelle mademoiselle K... prend le nom de monsieur V..., voilà tout. On ne se connaît pas, on ne s'est jamais vu, on ne s'aime pas, cela n'engage à rien.

Certes, voilà une heureuse alliance, où la loi dit : *Je vous unis;* l'ambition ajoute : *Je vous sépare!....* Fortuné mariage que celui-là!..

Après, étonnez-vous de ces surprises que se causent mutuellement les nobles époux, quand il leur prend fantaisie de se visiter incognito.

DEUXIÈME TABLEAU.

— Quoi! madame de Saint-Amour ne vient plus dans nos soirées depuis qu'elle est mère?

— Non, répond une incroyable qui, accouchée depuis un mois, a déjà repris dans le monde toutes ses habitudes ; non, madame de Saint-Amour pousse l'excès de la tendresse maternelle jusqu'au ridicule. Elle allaite son enfant! C'est du dernier bourgeois!

— Mais à quoi songe-t-elle ? Elle y perdra tous ses avantages, répond une vieille minaudière qui use journellement tous les produits de la plus effrontée spéculation sur les travers des *Jezabel* modernes.

— D'abord, dit une seconde dame, je lui prédis l'abandon le plus complet de son mari, et, sous peu de temps, de tous nos beaux dandys si elle continue cette barbarie.

— Oh! mon Dieu, peut-on être ainsi le bourreau

de ses charmes, dit une troisième, c'est bon tout au plus pour nos fermières. Ce n'est pas moi, mes très chères, qui en agirais de la sorte.

— C'est d'autant plus ridicule, poursuit une quatrième, que madame de Saint-Amour brillait essentiellement par la beauté de sa poitrine. Pauvre petite, elle verra bientôt ce que c'est !

— Vous croyez que le mariage et ses devoirs fanent bien vite la beauté des femmes ? hasarda timidement une jeune demoiselle.

— Taisez-vous, répliqua sèchement la dame qui venait de vanter les formes de madame de Saint-Amour, ce n'est pas ici le lieu de vous donner mes instructions sur ce que vous aurez à faire quand vous aurez épousé M. le comte de Cortevais. Profitez de l'expérience des autres, puisqu'on veut bien, en parlant librement devant vous, ne plus vous traiter en petite fille.

Les instructions de certaines mères à leurs filles se devinent. Elles se réduisent à ceci : « Mademoiselle, vous allez vous marier, je ne vous défends pas d'être mère ; la première année d'un mariage, un tel *accident* peut flatter la vanité sous plus d'un rapport.... puis on aime à avoir un héritier de son nom.... mais..... vous devez comprendre... »

Admirable réticence ! que de choses tu laisses deviner ! Quelle profonde dépravation dans ce *mais!* Que d'ordures sociales tu lègues au lit conjugal ! Oh ! mère habile, trois fois sage et prudente, comme tu sais ton monde ! Combien sont admirables tes préceptes ! Quelle longue suite de bonnes manières tu prépares à ta postérité si bien instruite et si bien dressée par ton expérience. Ta fille, mariée, portera sous le toit commun tous les beaux conseils dont tu as farci sa jeune tête. Je suppose qu'elle ressemble au portrait que je vais t'en tracer.

Des traits pleins d'une noble expression, des yeux où l'esprit étincelle, une bouche riante et fraîche comme la rose, meublée d'un double rang de perles qui ne s'ouvre que pour respirer la volupté ou bégayer l'amour sur le ton le plus naïf et le plus spirituel ; une peau d'un tissu satiné, un front où règne la candeur unie à la vivacité de l'intelligence ; un air distingué plein de grâce, de félicité ; un maintien libre sans cesser d'être digne : c'est la noblesse jointe à la perfection de l'ensemble. Le désir de plaire et celui d'être charmée, l'aménité et une légère teinte d'ironie se confondent dans l'expression de sa ravissante physionomie. Aux avantages inappréciables qu'elle tient de la nature, elle réunit tous les talents d'agrément. Ta fille a cultivé sa voix ; aussi lutterait-elle avec avantage contre les Grisi, les Malibran, les Persiani ; sous ses doigts le piano fait éclore des harmonies inconnues aux Liszt et aux Thalberg ; elle danse à rendre jalouses les Taglioni ; on dit même que les poses risquées de la cachucha font valoir admirablement bien la souplesse de ses gracieux mouvements, la finesse de ses jambes et la rondeur voluptueuse de ses bras.

Ce portrait n'est-il pas ravissant ? Avec de tels

avantages, c'est en foule que vont tomber les adorateurs à ses pieds. Double triomphe! Les femmes elles-mêmes, ses rivales, conviendront, tout en enrageant au fond de l'âme, qu'elle est belle, pour montrer qu'elles ne sont point envieuses. Ce ne sera pas la première fois que la vanité aura provoqué des aveux sincères arrachés au dépit de la jalousie.

Dans ta pensée, tu te dis : — Les hommes ne voient que ce qu'on leur montre; ils ne jugent que sur ce qu'ils voient. — Partant de là, les perfections extérieures sont les premières conditions de succès. L'art de la dissimulation fera le reste pour la partie morale. La société n'exige rien de plus pour ouvrir ses portes à deux battants à la houri ainsi formée. Elle peut choisir.

Mais, me diras-tu, quelle apparence y a-t-il que ma fille s'oublie au point d'abdiquer toute sa prudence de jeune femme? Ces dangers ne sont pas nés le jour du mariage, ils existaient auparavant; elle y était exposée, et pourtant elle est demeurée pure.

A ceci je réponds : — Ta fille, prévoyante de toute ta circonspection, savait bien qu'elle devait ne se montrer que d'un seul côté, sous peine de perdre les avantages qu'elle se promettait de sa dissimulation; car tu n'as pas dit qu'elle oublierait son innocence, mais sa prudence; elle avait donc tout intérêt à masquer son côté faible jusqu'à la réalisation de son union. Une fois mariée, ces raisons cessent, le ressort se détend : il ne reste devant le mari qu'une femme, et quelle femme! La pire de toutes, puisque chez elle tout est art, dissimulation, calcul. Pour tous les soupirants qu'elle savait congédier, cette Protée aux mille formes n'a plus les mêmes ménagements à garder, et il ne reste à l'époux qu'à courber la tête sous l'avalanche de ses galanteries, s'il ne veut livrer au public le secret de ses tourments et de son déshonneur privés.

Ce raisonnement, rendu juste par la corruption générale, est faux relativement au mariage. Les amants n'en demandent pas le quart pour être séduits, entraînés, subjugués ; mais le mari exige mieux que cela : l'intimité du ménage laisse trop de prise à l'analyse de tous ces oripeaux menteurs ; et une fois que l'habitude aura manié toutes ces perles falsifiées, ces brillants altérés, qu'elle s'en sera saturée, ils lui seront d'autant plus insipides qu'elle verra davantage les désirs étrangers s'agiter autour d'elle pour lui en ravir la possession. L'orgueil, déjà si flatté par des victoires trop faciles qu'une semblable déesse du monde remporterait sur la sottise des vanités masculines, lui donnerait une si haute idée de sa supériorité sur son mari, qu'elle ne tarderait pas à rougir de lui, et l'amour-propre, enflé des compliments des amateurs de scandale, lui ferait bientôt mettre le comble à son ostentation en se prostituant, en s'avilissant pompeusement, toujours dédaigneuse, toujours expérimentant une perfection nouvelle qu'elle ne trouvera jamais.

Voilà pourquoi cette union ne sera qu'un enfer anticipé. On cède volontiers aux sentiments, au goût des personnes que l'on voit momentanément ; on prend même, sans se faire violence, leur tour d'esprit ; cela s'appelle connaître le monde et savoir vivre. On paye le tribut à la complaisance : la satisfaction du moment prévaut sur la contrainte de bonne manière qu'on s'impose.

En ménage, il n'en est plus ainsi. Les ridicules réciproques sautent vite aux yeux ; on se les exagère, on en fait autant de motifs de haine sourde qui éclate au premier jour. La position une fois conquise, une femme ne se gênera plus.

TROISIÈME TABLEAU.

J'ai connu un *ange déchu.* Un mot sur ces pauvres petites créatures toutes confites d'amour, courant comme des vagabonds le pays pour trouver un cœur qui réponde à leur cœur, une âme à leur âme, une vie qui manque à leur vie. C'est à cette douce occupation, à cette sentimentale pérégrination au milieu des idéalités romanesques d'un amour du ciel qu'elles ont gagné ce joli nom. Combien elles sont intéressantes, ces naïves colombes jadis si blanches, si pures, maintenant si... malheureuses !.. Pauvres anges ! heureux pourtant qu'on ne vous ait pas coupé les ailes trempées de la corruption du siècle : vous ne mourez pas où vous vous attachez, et le malheureux séduit par votre babil a au moins le temps de respirer.

Mon ange s'appelait *Georgette ;* il était marié, je

ne sais à quel *noble butor*, qui s'avisa de trouver mauvais que son épouse s'occupât de tout, excepté de son ménage. Aucune femme ne possédait mieux qu'elle l'inimitable talent de faire valoir un nœud, un ruban, une écharpe, une robe ; c'était un Phénix de grâce, de beauté, d'esprit, de talents variés et agréables. Nulle créature n'avait un ton plus cavalier, des manières plus masculines ; n'était mieux faite pour charmer et subjuguer tout ce qui l'entourait. Comme mon ange joignait à tous les avantages physiques une grande liberté et une originalité d'imagination, il ne tarda pas à dédaigner complètement l'état d'esclavage dans lequel le mariage le retenait.

Il arriva que Georgette et son butor se réveillèrent un matin ennemis l'un de l'autre. Le butor, parce qu'il avait l'audace de prétendre que sa femme devait être sa femme, c'est-à-dire l'aimer, lui être fidèle, lui obéir, lui donner des enfants, les soigner, les élever chastement, enfin, veiller à tous les intérêts de la maison ; Georgette, parce que son mari était un jaloux, un brutal qui exigeait d'elle toutes ces choses pour la tenir sous le joug, ne méritait pas d'avoir une aussi jolie moitié qu'elle. En conséquence de ce raisonnement et de l'indignité du butor, elle se déshonora publiquement en se flétrissant à tout jamais. Après un procès scandaleux, le butor la quitta ; Georgette déploya l'envergure de ses ailes, et, se lançant dans les espaces inconnus des rêveries psycologiques, elle mit l'ange déchu à la mode, et s'en proclama la reine.

Si vous allez visiter Georgette, ne soyez pas surpris de la trouver entourée de femmes qui l'écoutent comme un oracle. Elle leur apprend leurs droits et leurs devoirs ; à écrire des billets amoureux aux *Antony* du jour, ainsi qu'à fumer la pipe et le cigare en signe que la femme est née libre et a le pouvoir de choisir ou de renvoyer un homme-serf ; qu'elle se moque de l'autorité d'une loi tyrannique, faite par des législateurs injustes, qui réduirait le génie de la femme libre aux proportions étroites des connaissances d'une gardeuse de dindons !..

Que Dieu, dans son ineffable bonté, garde tout honnête homme des *anges déchus* et des *bas-bleus !..*

QUATRIÈME TABLEAU.

Les folies du beau monde, qu'on appelle le grand monde, quoiqu'on n'y remarque que des bassesses, des misères brillantes, des vices dorés, n'ont pas eu de mal à faire éclore la passion effrénée du luxe chez les femmes, ces idoles d'autant plus vénérées des riches qu'elles sont plus spirituellement dévergondées et impertinentes dans leurs ridicules manières de tout sacrifier à l'apparence, de se priver plutôt du nécessaire que du superflu. Chez ces femmes, le luxe est une passion dominante, impérative ; c'est un joyau, un colifichet, un de ces riens préconisés par la flatterie astucieuse de la mode spéculatrice ; fardées, pomponnées, élégants mannequins de couturières, de coiffeurs, de bijoutiers avides d'écouler les produits de leur génie corrupteur; combien de femmes ont donné leur vertu en échange de ces brillants atours qui fixent les yeux des adorateurs blasés !

Clotilde, que tu es belle ainsi enharnachée ! Combien de jalouses tu vas faire ! Combien de conquêtes t'attendent dans les salons et au théâtre ! Oh ! le sublime mérite, qui consiste dans la figure, les boucles de tes cheveux d'emprunt ! Le grand art que celui de faire valoir une parure qui absorbe tous tes instants ! Je gage que si ton mari veut obéir à tous tes caprices, il se ruinera sous peu. Sera-t-il assez maladroit pour s'y refuser ? Oh ! le monstre ! mais tu es femme ! abreuve-le de chagrins domestiques, excite, provoque ses fureurs, anime ses emportements, fais-lui sentir toute la bassesse de son procédé à l'aide de ces vengeances féminines qui sont à l'ordre du jour ! Tu as fait tout cela, Clotilde ? ô modèle, tu seras adorée ! Mais, dis-moi, quel est l'homme sensé qui voudrait épouser un *être* comme toi ?

Les hommes sont bien inconséquents : tous veulent des épouses vertueuses, modestes et de bonne conduite, et c'est de la vertu dont on s'occupe le moins dans l'éducation des jeunes filles ; tous veulent des femmes économes, laborieuses et d'une sagesse solide, et voilà qu'on leur fait un code de morale conçu en ces termes :

« — Levez la tête, tenez-vous droite, faites bien la révérence, dansez avec souplesse et légèreté, chantez avec grâce, mais surtout soyez forte au piano... Voilà l'essentiel. — Après cela, soyez coquettes, légères, dissimulées; brodez, festonnez, lisez les romans du jour, tout cela contribuera à vous distraire en vous donnant du maintien, et vous n'aurez pas l'air désœuvrées ! »

Voilà des jeunes personnes qui feront de dignes épouses, d'excellentes femmes de ménage, de bonnes mères de famille !.. Elles savent tout, excepté ce qu'elles devraient savoir : la valeur du temps et de l'argent. Sans expérience, sans notion d'économie, sans idées saines de la société et des exigences du foyer domestique, est-il étonnant qu'elles tombent aussi facilement dans les piéges que, de toutes parts, leur tend la séduction ?

CINQUIÈME TABLEAU.

Nos pères se réjouissaient d'avoir beaucoup d'enfants; une nombreuse famille faisait leurs délices. O homme d'aujourd'hui, tu gémis en considérant la tienne; tu ne vois dans tes enfants que des ennemis qui viennent te disputer ton bien ; le partage t'effraie, tu veux jouir seul, Burnange ! Les moralistes qui te blâmeront n'ont pas fait le Code pénal, encore moins ont-ils contribué à la rédaction du Code civil. On s'élève contre toi, et l'on dit : « Pourquoi les enfants de Burnange, qui est millionnaire, manquent-ils du nécessaire?

Les sots ! est-ce qu'un millionnaire a quelque chose de trop ? A quoi lui servirait-il de l'être, s'il ne se créait pas des besoins en proportion et même au-delà de ses millions? Croient-ils que des habitudes, une fois contractées, soient si faciles à rompre, eux qui disent : « L'habitude est une seconde nature? » Pauvres gens! dites plutôt à l'égoïste : « Ne te marie pas ; par ambition et intérêt, passe ta vie dans un honteux célibat plutôt que de contracter un mariage que tu souilleras d'embrassements criminels ; croupis sur toi-même, anéantis-toi dans la jouissance du *moi*, cela vaut mieux. »

SIXIÈME TABLEAU.

Descendons l'échelle. La bourgeoisie est pour le moins aussi arrogante que l'aristocratie de naissance, dont elle n'a pas le vernis menteur ; elle conclut un mariage comme une affaire de Bourse.

— Combien, dit M. Spéculo, donnez-vous à votre jeune fille ?

— Cent mille écus, répond M. Agio.

— Bagatelle, mon cher, ma charge me coûte cinq cent mille francs. Pardon de vous avoir dérangé pour si peu. Je cherche un million.

— Ma fille a des espérances.

— Des espérances!.. C'est bon pour les écrivains et les artistes qui, à la fin de leurs vieux jours, ne veulent pas mourir à l'hôpital ! Songez que ce qui donne l'immortalité ne donne pas la vie !.. Je suis votre serviteur.

Hommes du jour, qui voulez une riche dot, sachez qu'on est assez fortuné quand on possède de l'intelli-

gence, des bras vigoureux, une femme sage et économe.

SEPTIÈME TABLEAU.

Descendons encore l'échelle. Cette fois, c'est un
jeune avocat tout enthousiasmé de la noblesse de sa
profession ; il croit que le talent est une dot suffisante,
s'adresse à un avare et sollicite la main de sa fille.

— Qui êtes-vous, jeune homme ? lui demanda le
vieux ladre en le toisant des pieds à la tête.

— Je suis avocat. J'aime votre fille, et je viens
vous prier de m'agréer pour gendre.

— Voilà un titre, et vous me faites beaucoup
d'honneur. Quelle est votre fortune ? Quant à votre
naissance, je ne vous fais pas l'injure de la croire
insuffisante.

— Mes parents sont pauvres et honnêtes; le barreau m'ouvre une brillante carrière, et j'espère....

— Oui, vous espérez y trouver ce que vous n'avez
pas. Vos espérances sont légitimes; mais je ne peux
vous donner ma fille.

— Monsieur....

— Oh! vous allez vous récrier, me trouver bien
étrange; mais j'ai promis ma fille à un excellent sujet,
à un jeune homme plein de mérite et d'avenir. Il est
à la tête d'un des plus importants établissements de
la capitale.

Le pauvre et savant avocat se retire.

Il questionne, et apprend que le jeune homme plein

d'espérance qu'on lui préfère est un garçon limonadier qui vient d'ouvrir un élégant café-restaurant sur
l'un des boulevarts de Paris....

Six mois après son mariage, le limonadier avait
fait une banqueroute frauduleuse et avait frustré ses
créanciers de plus de cent mille écus, en abandonnant sa femme enceinte et ruinée.

Pour l'avocat, il est aujourd'hui une des lumières
et l'honneur du barreau français !

HUITIÈME TABLEAU.

Descendons toujours l'échelle sociale. Charlotte
est jeune et belle, riche et agaçante ; elle a tout à
craindre de l'intérêt et de la fougue des passions,
Julie n'a aucun de ces avantages, elle est née dans la
classe inférieure ; elle est plus sûre que Charlotte des
motifs qui la font rechercher.

A toi, Charlotte, je dirai : — « La morale a aussi
sa diplomatie ; pour discerner les motifs qui ne peuvent constituer ni l'amitié, ni l'amour, et qui pourraient te rendre victime de l'ambition, de la cupidité
ou de la vanité, montre-toi à ton amant par le côté le
moins avantageux. S'il t'est possible, sois moins belle
et moins riche devant lui ; le mariage doit être la ré-
compense de son désintéressement. S'il t'aime, il sera
insensible à tous les autres avantages. »

A toi, Julie, je dirai : — « Heureuse fille du peuple, celui qui te recherche le fait pour toi-même ; il
t'aime ; tu es sûre de ton bonheur. »

Amants, réservez à d'autres temps le soin de mettre au grand jour toutes vos bonnes qualités ; et vous, jeunes vierges, à faire l'essai de tous vos charmes, pour surprendre vos époux par vos vertus. La vertu est plus précieuse que la beauté ; l'amour et l'amitié l'emportent sur les richesses ; celles-ci peuvent se perdre, les autres sont éternels dans deux cœurs unis selon Dieu et sa loi. C'est dans le mariage qu'une femme doit déployer tous ses trésors de sagesse, toute sa candeur, pour enchaîner un homme qui doit l'aimer toujours.

Jeune Julie, et toi, Charlotte, ne cessez jamais d'être chaste, douces et candides ; conservez dans le mariage vos mœurs pudiques de vierges ; ne renoncez point à la sagesse pour plaire aux hommes. Soyez toujours modestes en mettant en réserve quelques charmes et beaucoup de qualités, dont la découverte puisse sans cesse causer à vos époux d'agréables surprises. Si vos maris sont inconstants, soyez plus grandes qu'eux, attendez dans le silence et le calme, leur retour ; placez d'avance le pardon et le sourire sur vos lèvres. Quand ils reviennent, recevez-les comme arrivant d'un long et périlleux voyage.

CONCLUSION.

Je vous fais grâce de tous les ridicules qui accompagnent les mariages des petits bourgeois, où tout est sacrifié à l'argent, où le cinq et le trois trônent en maîtres dans les délibérations de la famille, où le cœur ossifié, l'âme avide ressemblent à la feuille d'un livre de *doit* et *avoir*. Je ne vous transporterai pas non plus au milieu du peuple ; cependant c'est dans les rangs du peuple de nos départements que nous retrouvons parfois le mariage dans toute sa pureté, dans toute sa fécondité sans tache, et qui, loin de l'effrayer dans sa pauvreté, lui réjouit si bien le cœur ; c'est précisément à cause de cela qu'il aime sa femme et ses enfants : plus près de Dieu par sa position sociale, il n'a pas oublié, altéré et soumis à ses caprices dépravés la sainte loi du Créateur.

Ainsi, nous pouvons poser en principe que la corruption est en raison directe de la masse des riches et des puissants, et en raison inverse des distances sociales. L'histoire des nations nous atteste cette grande vérité : plus la dissolution des mœurs est profonde, plus les bons mariages sont rares. Se rapproche-t-on des classes supérieures, on trouve que cette dissolution s'approfondit encore ; si on descend vers l'artisan, on s'aperçoit qu'elle diminue et va s'éteindre tout-à-fait dans les classes pauvres et laborieuses de nos campagnes.

Après cela, comment s'étonner de l'état déplorable dans lequel nous voyons se soutenir avec peine l'institution divine du mariage, attaquée, ridiculisée avec une raillerie mordante, dont les éléments de durée et de développement, minés par le sarcasme de la corruption, s'éparpillent au souffle de toutes les mauvaises passions ! Où trouver dans nos cités des vierges qui font les bonnes épouses, les saintes mères ! Où découvrir des hommes sages et tempérants, qui font les bons époux et de vertueux pères de famille?

L'homme poussé par la frénésie de sa brutalité, que ne réprime ni la raison, ni la morale, ni la religion, se lance dans tous les travers des plus honteux débordements ; et avec quelles femmes? de viles prostituées qu'il méprise au fond du cœur.

La femme persiflée dans sa vertu, dans ses affections naturelles, sans cesse sollicitée par la prospérité de l'infamie, dépouille sa robe virginale. La bestialité et le déshonneur perpétuent le célibat, ce chancre social né du plus étrange état des choses qui se puisse voir au milieu d'un peuple si fier de ses lumières et de sa civilisation !.. En somme, les célibataires par principes et par débauche sont infâmes !.. Je plains ceux qui le sont par état et je gémis profondément sur ceux qui le sont par nécessité !..

LETTRE SUR PARIS.

Je conçois, Monsieur, votre indécision au moment
de vous séparer de votre fils en l'envoyant à Paris, ce
centre de lumières et de civilisation, où les sciences
et les arts brillent d'un si vif éclat. Vous pensez, et
peut-être avec raison, que son esprit, déjà si bien
disposé par de bonnes études, a besoin du feu vivi-
fiant de ce foyer pour parvenir à cette heureuse
maturité qui fait le véritable savant. Sans doute,
Monsieur, quelque rare que soit ce phénomène de
nos jours, il se rencontre encore parfois, et je sou-
haiterais bien vivement que votre fils en fût bientôt
une nouvelle preuve. Mais, hélas ! combien est petit
le nombre de ces élus qui peuvent rapporter sous le
toit paternel, avec la science acquise, tous ces trésors de simplicité, d'innocence et de vertus qui sont
ordinairement leur apanage, et que la plupart dé-
pouillent si vite au souffle empoisonné du sarcasme,
qui traite toutes ces choses saintes de naïveté et de

gaucherie provinciales ! Ce qu'un jeune homme apprend le plus vite ici, c'est l'oubli de tout ce qu'il était, pour se façonner sur les modèles qu'un hasard jette trop souvent sur ses pas. A peine au bout de quelques mois, de quelques jours, se souvient-il qu'il a une famille, une mère que son éloignement attriste et qui ne soupire qu'après son retour ; ou s'il s'en souvient, ce n'est que pour lui imposer de nouveaux sacrifices. Mais je veux que votre fils reste ce que je suppose, un brave et loyal jeune homme, plein du désir de s'instruire et impatient de regagner ses pénates avec la riche moisson qu'il se propose de faire dans notre capitale ; quelle force d'âme ne lui faudra-t-il pas pour résister aux séductions de tout genre qui vont l'environner, quand, libre enfin, loin de vous, de vos avis, des bons conseils de sa mère, livré à lui-même, sans autre guide que son inexpérience, il sera venu grossir le nombre de ces jeunes gens qui pullulent dans les écoles ! Croyez-vous qu'il lui sera bien facile de se roidir contre les exemples qu'il aura constamment sous les yeux ? de braver ce quasi ridicule qui s'attache à tous ceux *qui ne font pas comme les autres ?* Hélas, Monsieur, nous vivons dans un temps où il est plus difficile qu'on ne pense de devenir un homme utile pour ses semblables. Le torrent d'idées nouvelles, fécondes ou dévastatrices, entraîne avec lui toutes les jeunes intelligences, sans qu'elles puissent démêler de quel côté se trouve la vérité. Le dévergondage des idées accompagne celui des mœurs. Ils marchent, ils progressent avec tant d'ensemble,

qu'il est impossible de nier que l'un ne soit pas la
conséquence inévitable de l'autre, et de fixer un terme
à ce chaos d'où doit jaillir la vraie lumière, comme
disent nos penseurs. Y a-t-il, comme on l'insinue,
quelque chose de providentiel dans ce mouvement
tumultueux des esprits qui les emporte dans les
sphères d'une idéalité de perfection indéfinie, et qui
fait de l'intelligence un nouveau *Juif errant* condamné à marcher toujours, sans lui laisser voir de
terme à cette marche continuelle, dans cet état d'a-
gitation fébrile qui remue toutes les existences, les
déplace, les jette brusquement en dehors des anciennes limites, et les rend semblables à ces eaux
qui, ayant un moment perdu leur niveau, se répandent en portant partout la dévastation, jusqu'à ce
qu'elles soient rentrées dans leur lit? En un mot,
est-ce la Providence qui lutte contre l'étroitesse actuelle de l'esprit humain pour lui imposer ses nouvelles destinées, ses nouvelles formes? ou bien n'est-
ce pas tout simplement l'orgueil insatiable, la vanité
outrecuidante de certains réformateurs inintelligi-
bles, qui veut lutter à tort et à travers contre la société actuelle assez bien établie, du reste, reposant
sur des bases assez solides, je crois, pour ne pas être
renversées de sitôt sous les avalanches de leurs bil-
levesées psychologiques? Je m'arrête d'autant plus
volontiers à cette dernière supposition, que tout, jusqu'à présent, démontre l'insuffisance des moyens de
reconstruction de nos démolisseurs, semblables à ces
bandes noires qui jetaient bas les châteaux et les

monuments du culte et de la foi de nos pères, s'enri-
chissaient des décombres, sans songer à les employer
autrement qu'à les fondre en écus ; braves gens qui
criaient contre l'aristocratie du donjon, et savaient
s'en faire une mille fois plus écrasante, plus honteuse, à l'aide de la pioche et du marteau, *celle de
l'argent !* Quoi qu'il en soit, c'est au milieu de ce
bouillonnement de toutes les idées bonnes ou mauvaises, de tous les vices brillants ou honteux, de
toutes les intrigues, de toutes les turpitudes, de toutes
les bassesses qui poussent et élèvent vite un homme
dans notre siècle, que vous allez jeter votre fils avec
ses vingt ans, son âme d'enfant d'autant plus facile à
toutes les impressions, qu'elle est neuve et ardente.
Il va venir avec son désir d'apprendre et son inexpérience sur le choix des études et des moyens de s'y
faire un nom, objet de toutes vos espérances ! C'est
dans ce centre de lumières et d'ignorance crasse, de
civilisation et de barbarie brutale, d'égoïsme cynique,
d'astuce et de perfidies, de vérité timide et de men-
songe-effronté, dans cette Babel où sont confondus
le bien et le mal, que vous voulez lancer ce frêle ro-
seau que le toit paternel a jusqu'ici abrité contre tous
les orages qui vont se déchaîner contre lui, sans autre
protecteur que sa mémoire pour lui rappeler vos sages
leçons, vos conseils que vous ne pourrez plus lui
adresser que par la poste, sans autre guide, hélas !
que la plus faible partie de lui-même, son cœur pur
encore !.. Sur un si frêle esquif, ne craignez-vous pas
la tempête quand vous savez qu'il s'embarque sur une

mer orageuse? Laissez-moi donc vous dire les dangers
qu'il va courir : ils sont grands, et plaise à Dieu qu'il
fasse une heureuse traversée, au milieu de tous ces
écueils qui demandent un pilote habile !

Remarquez avec moi que l'inquiétude naturelle à
tous les jeunes esprits fait penser à la plupart qu'il y
a quelque chose au-delà de la possibilité, de la réalité
ordinaire, et que ce quelque chose d'abstrait, d'indé-
fini, d'insaisissable pour le vulgaire, constitue le comble de la perfection à laquelle atteignent quelques
génies exceptionnels. Partant de cette idée, juste jusqu'à un certain point, ils reculent la limite au-delà
même du point d'arrêt de ces exceptions brillantes,
et marchent ainsi au hasard vers ce but fantastique.
De là, tant de fausses routes tracées avec une persévérance digne d'un meilleur objet ! De cet insatiable
désir d'inconnu, naissent toutes les divagations, tous
les sophismes, toutes les sublimités paradoxales de
l'école moderne ; école où aboutissent tant de travaux
inutiles pour la société, quand ils ne sont pas dangereux, ce qui est malheureusement trop fréquent.
D'abord, ne m'accusez pas d'être un pessimiste quand
même. Loin de moi d'attaquer le vrai mérite, de con-
fondre dans un même anathème tous les hommes et
toutes choses ! Dieu merci, aussi corrompu que soit
notre siècle, nous avons encore des hommes d'élite
dont les vertus solides rehaussent le mérite réel ; gens
au cœur droit, à l'intelligence supérieure, au jugement mûri par une longue expérience ; phares précieux pour la jeunesse, mais trop souvent obscurcis

par le faux éclat d'une quasi science habilement bavarde, plus subtile que solide, plus superficielle que profonde; science tout en vogue de nos jours, où l'on veut tout savoir vite, et qui seule obtient les honneurs d'une célébrité éphémère comme elle, mais qui n'en séduit pas moins la foule, l'entraîne dans le tourbillon de ses divagations, et égare ceux-là principalement que leur jeune âge et leur inexpérience rendent plus accessibles à ses mensonges brillants.

Nos jeunes gens, très relâchés dans leurs mœurs, à Paris surtout, loin de toute surveillance, pouvant donner un libre cours à leurs passions, étudient mal, effleurent tout, n'approfondissent rien. Ils négligent la spécialité où ils pourraient trouver des succès, pour embrasser des généralités où ils courent grand risque d'être médiocres. Beaucoup de raisonneurs, peu de penseurs sortent de nos écoles. Nos étudiants oublient que les plus grands génies, ceux qui se sont le plus illustrés, sont ceux-là qui ont apporté une patience robuste, opiniâtre, dans leurs études, soit que, philosophes, ils se soient élevés dans les hautes régions de la pensée; soit que, littérateurs ou artistes, ils aient cherché leurs inspirations dans les modèles sublimes de la nature. *Le génie, c'est aussi la patience!...* Le siècle de Louis XIV atteste cette vérité. Est-ce à dire que les grands maîtres ont épuisé toute la matière, et que nous soyons réduits à n'être que des copistes serviles ou de froids imitateurs de leurs œuvres, sous peine de tomber dans les excès justement reprochés de nos jours? Non, mille fois non ! Le champ est assez vaste pour fournir encore de riches et abondantes moissons, sans que nous soyons contraints à remanier tout ce qu'ils ont touché, à retourner toutes les idées, à les tordre pour en faire jaillir quelque chose de neuf, d'imprévu. Soyez assuré, Monsieur, que toutes ces prétendues nouvelles faces, sous lesquelles on nous les montre aujourd'hui, ont été à dessein rejetées par ces auteurs, qui n'avaient pour but, en cultivant les lettres, que d'éclairer et d'instruire, et non d'incendier quelques imaginations, de porter le doute partout, de lancer le sarcasme sur tout, et de saper ainsi la société dans sa base, la morale privée, d'où découle la morale publique.

Mais quel rapprochement à faire entre le siècle de Louis XIV et le nôtre ! les auteurs d'alors se payaient de la gloire !!! Ceux d'aujourd'hui n'ambitionnent que des succès *d'argent.* Du temple des arts, des sciences et des lettres, ils ont fait un marché, une caverne de voleurs, où la coterie égoïste taxe et prélève les droits, vend et achète, brocante, en un mot, sur tout le domaine de la pensée. Le plagiat s'y fait avec impudeur, et les grands faiseurs y escomptent l'esprit d'autrui à leur profit. La douane littéraire ne laisse passer sur ses terres que quiconque a payé la taxe ou qui consent à faire remise à ces forbans aussi incapables qu'avides.

Prenez, au hasard, un de ces livres tant vantés par nos faiseurs d'éloges, marchands d'apothéoses littéraires à tant la ligne ; trouvez-m'en un où la religion et la morale ne soient pas indignement sacrifiées à la manie du paradoxe ? Partout on retrouve ce génie de destruction, cachet du siècle présent, qui brise sans pitié, sans souci de son œuvre, tout ce qui gêne son allure furibonde. Pense-t-il à reconstruire, en accumulant les ruines autour de soi ? Comment le pourrait-il, quand son premier, son unique soin est d'éteindre dans toutes les consciences le flambeau de la foi religieuse, sans lequel il n'y a point de lien social possible ? Il est facile de prévoir ce qu'il adviendrait si cette lèpre n'était bientôt extirpée par le bon sens public. La société devrait périr, après s'être épuisée dans l'agonie inquiète d'un scepticisme impuissant.

Déjà, tout le monde le voit, nous avons des philosophes et point de philosophie ! des moralistes et point de morale !.. ou plutôt nous avons autant de morales qu'il plaît à chaque idéologue d'en créer. La vraie, la seule morale, languit obscure au fond de quelques consciences inconnues. La société, remuée dans ses fondements, réclame ses vrais principes, ses croyances, sa vieille foi, qui sanctifiait tous ses devoirs et fixait le bonheur au foyer domestique. Que lui donne-t-on en échange de tout ce qu'on lui ravit ?.. *Une parodie de l'Évangile !*.. Des apôtres menteurs d'un Messie créé à leur image vont partout colportant leur panacée universelle, et loin de se ranimer, de se revivifier à leur parole mystico-philosophique, elle s'agite plus que jamais au milieu de leur pharmacopée impie et ridicule tout à la fois. Où sont les grands écrivains ? les grands artistes ? Notre pauvre littérature se traîne, prostituée, dans tous les égouts ; notre théâtre, qui devrait être le correcteur des mœurs par excellence, n'est plus qu'une école de scandale où l'obscène du *demi-monde* le dispute à l'absurde. Libre jusqu'à la licence, il ne livre plus aux regards des spectateurs que des œuvres bâtardes, empreintes de ce cachet d'exagération qui sacrifie tout à la manie dominante de faire de l'imprévu, de l'hyperbolique. Quelles leçons nos jeunes gens peuvent-ils y prendre ? quelle idée peuvent-ils se faire du monde au milieu duquel ils sont appelés à vivre, d'après ce miroir qui ne reflète que des vices grossiers, déchaînés contre toutes nos institutions, même les plus saintes, que des tableaux monstrueux de personnages agités de passions surhumaines, qui se tordent, grimacent et hurlent de mauvaise prose et de plus mauvais vers encore, pour la plus grande gloire des novateurs et le plus grand détriment du bon goût et de la morale publique ? Sérieusement, avons-nous aujourd'hui une littérature ? peut-on donner ce nom à toutes ces productions monstrueuses que vomissent douze ou quinze individus qui n'ont pas honte de ressusciter l'infâme doctrine du marquis de Sade, sous le prétexte absurde de réhabiliter la matière, d'émanciper la femme ? Appellerons-nous littéraires les productions équivoques de nos bas-bleus, dont l'impur gynécée jette sur les bancs de nos cours d'assises tant d'épouses adultères... et peuplent les prisons de Maries Capelles ? Sont-ce des littérateurs ces hommes à réputations usurpées, ces panégyristes de la morale des bagnes, ces coryphées de dépravation qui préconisaient *Vautrin*, qui écrivaient pour justifier les Lacenaire et les Peytel !!!.. Le marquis de Sade *expia ses crimes en mourant à Bicêtre! Ce fut bien fait! Vous, qui n'avez pas honte de continuer son œuvre, quel sort croyez-vous mériter ?....*

Aussi rapidement tracé que soit ce tableau, vous devez bien pressentir l'influence qu'il doit exercer sur votre fils. Si l'on m'objectait que tout ceci est indifférent pour ceux qui ne viennent à Paris que pour étudier les sciences exactes, qui, de leur nature, n'ont rien à démêler avec les travaux ou les jeux de l'esprit, je répondrais qu'effectivement les sciences exactes ont cet heureux privilége que l'absurde y est bien mis à l'index par l'expérience, mais qu'il n'en est pas moins vrai que l'homme moral subit les influences des milieux moraux dans lesquels il vit ; que si l'homme le plus robuste se sent mal à l'aise dans une atmosphère viciée, à plus forte raison un jeune cœur que tout impressionne pour la première fois, et sur lequel l'action délétère de cette atmosphère est d'autant plus puissante que ce jeune cœur offre moins de réaction.

La question n'est point dans la spécialité des études à faire ; elle est tout entière dans les conditions morales de l'esprit pour étudier n'importe quelle branche de la science. Elle est dans le lieu où ces études doivent se faire, ce lieu considéré comme milieu où l'homme et son intelligence doivent se mouvoir mo-

mentanément pour s'y développer. L'étudiant dépend
de l'homme ; en d'autres termes, on ne peut admettre
qu'un homme livré à des préoccupations étrangères
aux études qu'il veut embrasser, puisse le faire d'une
manière fructueuse. Les sciences sont, de leur nature,
despotiques ; elles veulent être vigoureusement atta-
quées, violentées même !.. Il est évident qu'il n'en
sera ainsi que de la part des esprits robustes, et que
seuls ils auront l'heureux privilége d'y exceller. Le
calme de l'esprit et du cœur sont les deux conditions
les plus essentielles. On ne les trouvera réunies que
chez ceux qui n'ont pas encore été entraînés par le
feu des mauvaises passions, et qui ont le jugement
assez solide pour ne pas se laisser séduire par l'erreur. Sous ce rapport, s'il est vrai que Paris offre le
plus de ressources au développement des puissances
pensantes, on ne peut disconvenir non plus qu'il ne
renferme également tout ce qui est propre à détour-
ner ces puissances de leur véritable action, de leur
véritable but.

S'il est une vérité bien démontrée, éclatante même
pour le plus épais bon sens, c'est que notre siècle est
essentiellement matérialiste, et que la morale des intérêts matériels subordonne tout au progrès du bien-
être individuel ; le vice même peut y être considéré
comme vertu s'il peut concourir à l'accroissement de
ce bien-être. Déduisez vous-même les conséquences
d'un tel état de choses. Elles sont affreuses.

Le moindre inconvénient sera de tempérer consi-
dérablement cette ardeur pour l'étude qu'apportent

nos jeunes provinciaux ; petit à petit leur esprit, inquiet d'abord, s'affermira dans le sentier que l'erreur ouvre partout devant eux. Bientôt leurs convictions sur le vrai, battues en brèche par les exemples répétés qu'ils auront sous les yeux, s'écrouleront pour ne laisser à leur place que cette inquiétude turbulente à laquelle il est impossible de soustraire tout-à-coup une âme trop tôt vide, une jeunesse déflorée avant le temps, dont le désillusionnement précoce tue toute énergie, toute vitalité intellectuelle, et dont la conséquence est souvent le suicide, fléau épidémique de nos jours, qui emporte tous ceux qui n'ont pas l'odieux courage d'avancer plus avant dans la corruption, d'ossifier leur cœur à l'aide d'un égoïsme froid et raisonné. Malheur à ceux qui ne reculent pas devant ce dernier degré de corruption ! car, une fois arrivés à ce terme d'insensibilité morale, le cortége de tous les vices s'empare de leur cœur ; toutes les passions s'y intronisent et y fermentent avec l'impérieux et brutal désir d'être satisfaites. Elles y étouffent toute semence d'honnêteté qui pouvait y rester cachée. Alors les infortunés atteints de ce terrible mal, rompent tous les liens, brisent tous les obstacles pour suivre la pente funeste qui les entraîne malgré eux. Ils ne se souviennent d'avoir une famille que pour en mépriser tous les devoirs et n'en réclamer que les bénéfices. Ils usent leurs plus beaux jours dans la paresse et la débauche, et ne déploient d'activité que pour le mal. Ils ruinent à la fois leur santé par l'orgie, leur avenir par de honteuses dépenses, par d'onéreux emprunts contractés près d'usuriers toujours à la piste des jeunes débauchés ; et enfin, quand épuisés, poursuivis par ces vautours à face humaine qui les rongent jusqu'à la moelle des os, ils ne peuvent plus satisfaire l'hydre insatiable qui les harcèle, ils conçoivent sans frémir la pensée d'un trépas précoce, qui, frappant leur malheureux père, jetterait en leurs mains un héritage trop souvent grevé par de honteuses dépenses.

Voyez donc, Monsieur, de quelle importance il est pour votre fils d'éviter les premiers pas dans cette funeste voie ! Qu'il veille avec le plus grand soin sur le choix de ses connaissances ! Qu'il évite ces piliers d'estaminet et de bals publics, ces deux grands agents de corruption de nos écoles ! Qu'il s'interdise à jamais ces lieux suspects à plus d'un titre ! Convient-il à un jeune homme de bon sens d'imiter ces nombreux paresseux qui semblent n'être venus à Paris que pour y apprendre à exceller au billard, à boire outre mesure et à culotter des pipes ? Et quoi ! si le pays réclamait tout-à-coup les bras de ses plus nobles enfants, faudrait-il, comme autrefois *Néron*, qu'il les fît chercher aux *nouvelles portes Capènes ?* L'élite de la jeunesse, du sang français, croupissant au cabaret, courant les guinguettes de barrières et faisant retentir la rue d'obscènes chansons, en compagnie d'ignobles *filles de marbre, de rats,* qui, sous le nom de grisettes du quartier latin, couvrent toutes les turpitudes, cela se conçoit-il ? cela est-il même possible ?.. Questionnez ce jeune étudiant qu'un mal affreux dévore, qui revient dans sa famille pour y respirer l'air natal et y recevoir les soins de sa bonne mère. Qu'il vous réponde pour moi ! Qu'il vous dise combien d'insensés courent ainsi à leur perte par le libertinage !.. Qu'il vous raconte ces scènes étranges d'unions infâmes, où les malheureuses qui portent momentanément le nom d'un honnête homme ne sont pas les plus dignes de blâme; ces mariages à bail si fréquents au quartier latin, où l'amant de ces créatures méprisables abdique sa dignité au point de n'être que le valet de son ignoble maîtresse ! Qu'il vous peigne une de ces orgies d'estaminet, de bouge, refuge d'escrocs, où les étudiants n'ont pas honte de parler l'argot, de boire, et de courir la nuit par les halles et les marchés, ivres de vin et de tabac ? Je m'en rapporte à lui pour nous montrer encore ces vieillards de vingt ans, ces Lovelaces du *Prado* et de la *Chaumière*, où chaque conquête coûte une vertu et donne des regrets éternels; ces maris imberbes qui préludent au mariage par sa plus ignoble parodie ; qui, plus tard, n'apporteront dans ce saint nœud qu'un cœur fané, qu'un corps usé par la débauche; toute cette jeunesse étiolée aux ombres des tripots, et que la mort étrangle au milieu de l'orgie, sans souci de la main qui doit ouvrir et fermer son tombeau.

Je voudrais, une bonne fois, que tous nos jeunes Français sussent bien ce que c'est qu'une grisette de Paris, car alors ils en seraient guéris tout de suite. Sous ce nom générique, que les roués de la régence donnaient à toutes les femmes qui n'étaient ni nobles ni bourgeoises, se cachent ici les plus méprisables créatures que la prostitution vomisse annuellement sur le pavé des grandes villes. Elles affectent généralement les allures de laborieuses ouvrières pour mieux duper les étudiants de première année, et elles sont, à la société en général et au quartier latin en particulier, ce que le ver est à l'étoffe qu'il ronge. L'on a peine à comprendre que des hommes qui se respectent jouent ainsi leur avenir et leur santé, fuient la société des femmes aimables et vertueuses, pour des objets qui ne doivent inspirer que le dégoût. — Jeune homme, dirai-je à votre fils, ces femmes que la société rejette sont pourries au cœur ; leurs baisers brûlent et leurs caresses coûtent la santé et l'honneur à qui se laisse séduire par leurs grimaces d'innocence. Leur âme est un égout où croupissent toutes les ordures du vice le plus effrontément obscène, le plus artificieusement rapace. Prends garde ! elles vendent cher le poison mortel qu'elles t'offrent dans la coupe de l'orgie ! Fuis ces sirènes fangeuses à l'égal de celles qu'une impure matrone garde au fond du lupanar, fumier pour les pourceaux. Avec elles, l'homme riche et honnête se ruine et meurt de regret par le suicide ou à l'hôpital ; l'homme du peuple, quand aucun frein ne le retient, grossit la liste des voleurs et des assassins : la prison, le bagne ou le bourreau l'attendent.

Croyez-moi, Monsieur, ces tableaux n'ont rien d'exagéré. Ces détestables mœurs sont trop fréquemment celles d'une foule de jeunes gens qui, venus ici avec les meilleures intentions du monde, ont été entraînés par le torrent de l'exemple. Combien maudissent, mais trop tard, les mauvaises fréquentations ! Combien de pères et de mères gémissent sur les égarements de leurs fils, et n'ont souvent trouvé pour tout remède que de les laisser s'enrôler volontairement, heureux quand ils n'avaient pas déshonoré publiquement leur nom ! Ce n'est pas d'un seul bond qu'ils sont arrivés à ce point d'infamie, c'est petit à petit : il a fallu un premier pas qui entraînât le second, et ainsi de suite jusqu'au fond de l'abîme. Combien seraient restés sages et vertueux, auraient exercé honorablement l'état de leur père, seraient devenus de bons citoyens, d'excellents époux, d'heureux pères de famille, s'ils n'avaient été imprudemment lancés dans ce tourbillon parisien où tant de nobles cœurs, d'âmes généreuses, d'esprits ardents, sont venus périr misérablement, faire un triste naufrage quand tout semblait leur promettre un avenir brillant ! Force, jeunesse, vertus, talents, probité native, tout cela s'est éteint au souffle empoisonné de la corruption locale. Que reporte-t-il le plus souvent dans sa province, ce jeune étudiant, l'espoir de sa famille ? tous les vices de la capitale et le désir violent de les satisfaire. Garde-toi bien, jeune fille sa sœur, d'ouvrir cette valise qu'on dépose dans la chambre que tes soins ont préparée avec tant de joie pour ton bien-aimé frère ! laisse à ta mère le soin d'en pénétrer les mystères. Oh ! ce n'est pas ainsi qu'elle comptait le revoir, ce fils dont l'absence lui avait coûté tant de larmes ! A peine reconnaît-elle ses traits, son visage ; son front, jadis si rayonnant de joie et de santé, maintenant sillonné par des rides précoces, porte l'indélébile empreinte de la décrépitude.

Son cœur se serre à cette vue, son instinct de mère a tout lu sur son visage ; elle a compris qu'il fallait renoncer à ses douces espérances. En effet, pourra-t-il jamais être un citoyen utile, celui qui a passé les plus belles années de sa vie dans la dissipation, les folles joies d'un monde interlope, au milieu de tout ce qui ne peut qu'énerver le corps et l'âme ? On se plaint de voir la société souffrante ; je m'étonne, moi, de ce qu'elle subsiste encore, quand chaque jour, chaque heure, voit grossir le nombre de ceux qui en font la honte et qui n'y apportent que le trouble et la confusion ! Tout se tient, tout s'enchaîne dans l'ordre moral comme dans l'ordre physique. Vous avez sapé les bases de la société, vous l'avez agitée dans ses fondements, et vous vous étonnez qu'elle trébuche à chaque pas, qu'elle soit comme un homme ivre qui ne peut tenir l'équilibre sur son cheval ! Comment voulez-vous qu'il en soit autrement? Les principes vous gênaient, vous les avez détruits. Ils étaient usés, dites-vous, par conséquent impuissants. Hâtez-vous donc, vous qui prétendez que la morale du Christ est une vieillerie, que le dogme chrétien n'a été qu'un temps d'arrêt de la perfectibilité humaine dans l'ornière sacerdotale, de nous déblayer le terrain où vous voulez établir le nouveau tabernacle de Dieu avec les hommes ! Précurseurs du nouveau Messie, qui prétendez que la philosophie voltairienne n'a fait que frayer la route au progrès de sa sœur la philosophie humanitaire, hâtez-vous, nous vous en prions, de construire le solide édifice de la foi nouvelle, du dogme et de la morale d'où doivent sortir et se répandre sur cette terre toutes les béatitudes du ciel, et nous vous bénirons ! Autrement, nous serons en droit de vous dire de jeter loin de vous ce manteau de prophète qui va mal à vos épaules d'épicuriens. Nous avons assez du sarcasme sans le blasphème !!!

Je suis de ceux qui pensent, Monsieur, que la philosophie voltairienne a fait tout ce que la raison humaine pouvait faire. En vain entassera-t-on désormais sophismes sur sophismes, paradoxes sur paradoxes, on ne fera que renouveler la fable des Titans. Dieu restera ce qu'il est, et il ne sera pas plus donné aux hommes de pénétrer son essence, qu'il ne sera permis à l'intelligence humaine, toute perfectible qu'elle soit, d'arriver à la connaissance des causes premières de son être ! Qu'on matérialise Dieu tant qu'on voudra pour le mieux saisir, le mieux comprendre, qu'on le synthétise avec l'homme, on ne fera jamais rien d'aussi bon que ce qu'il est, et on ne le forcera pas à se manifester autrement qu'il ne l'a fait jusqu'à présent par ses œuvres !!!.. Je conseille donc à votre fils de n'aborder la nouvelle école qu'avec la plus grande réserve, afin qu'il ne s'enfonce pas dans les ténèbres d'un abîme sans fond. Ce serait perdre un temps précieux.

Il est, de nos jours, un autre excès dans lequel tombent tous ceux qui se paient de mots, sans se soucier de leur valeur réelle. De tous ces mots, celui dont on a le plus abusé, c'est le *patriotisme*. En effet, comment avoir une idée bien exacte d'une chose que ceux qui se targuent le plus de posséder, qui en font le plus parade, sont ceux-là précisément qui en ont le moins ? Je ne sache pas dans tout le vocabulaire français un mot qui ait couvert plus de sottises, qui ait servi d'excuse à plus d'extravagances. Je n'aborderai cette question qu'avec la plus grande réserve, pour ne point blesser certaines susceptibilités juvéniles, qui, plus tard, comprendront mieux cette vertu ; car le patriotisme est une vertu, une des plus grandes sans contredit : il est la source de toutes celles qui doivent assurer au pays les destinées que tant de luttes lui promettent.

Mais de quelque manière qu'on entende ce mot, je n'hésite point à dire que la première condition du patriotisme est, après l'abnégation de soi-même, l'amour de la famille. Qui n'aime point sa famille, n'aimera pas son pays. Qui ne reconnaîtra pas saints et sacrés les devoirs de la famille, méprisera les devoirs du citoyen. Car la famille, c'est la patrie ! Elle est à l'individu ce que le pays tout entier est à tous les citoyens de ce pays, quelle que soit du reste la forme de son gouvernement. Dans une nation bien organisée, le premier devoir de ceux qui sont chargés de l'éducation, c'est d'imposer aux enfants l'amour et le respect pour les parents. De cet amour, de ce respect, naît l'obéissance qui fait l'union nécessaire à la conservation et au bonheur de tous les membres de la famille ; société dans laquelle doivent se grouper tous les intérêts, toutes les affections de chaque individu qui en fait partie. Ayant tous une origine commune, tous unis par les liens du sang, ils doivent se considérer comme des amis que la nature a rassemblés pour vivre de la même vie, avoir les mêmes sympathies, la même tendresse, le même dévouement les uns pour les autres. Aussi est-ce un devoir pour le fort de protéger le faible, pour le riche de venir en aide à celui que la fortune a maltraité, *c'est ainsi que Dieu veut qu'il en soit !* Celui qui se distingue par son savoir et son expérience, doit des conseils et des avis à ceux qui les lui réclameront d'autant plus volontiers qu'ils n'auront pas à rougir de confesser leur ignorance devant des parents avec lesquels ils sont tous les jours. Toute famille où il n'en est pas ainsi, est une mauvaise famille ; la désunion y jette des semences de haines funestes et de ruine inévitable, tandis que dans une famille bien unie, vous ne verrez que la paix, la force et la prospérité dont finissent toujours par jouir des âmes sensibles, honnêtes, généreuses et dégagées de l'amour vil et méprisable de l'intérêt privé !.......

Mais revenons au mot *patriote*. Ainsi, prenez donc garde quand vous vous donnez ce titre ; car, si l'on ne voit point en vous toutes les vertus qui distinguent de tels hommes, on sera en droit de vous accuser de mensonge. Soyez bien certains d'une chose, jeunes gens : c'est que le véritable patriotisme consiste plus à se taire, à s'unir, à méditer, à travailler dans le silence, à mûrir son esprit, à comprendre les grandes questions sociales et politiques, à revenir à l'unité de principe dans cette matière, comme dans toutes les autres, qu'à crier sur les toits, dans les estaminets, dans les rues : *Je suis patriote, je suis républicain!!!*... Songez que c'est de vous que le pays attend de grandes choses, que vous êtes l'élite de ses enfants, sa plus chère espérance, son plus ferme soutien, et que vous lui devez compte de cette science qu'il vous est donné d'acquérir pour l'éclairer et le guider dans l'avenir. La France veut des hommes aux bras forts, aux cœurs droits, au dévouement sans bornes à la patrie, et non des crétins qui ne savent que hurler la *Marseillaise* et pourraient à peine soutenir le poids d'un fusil. Laissez là cette jactance de Brutus de carrefour. S'il vous faut quelque chose des temps passés, des beaux jours de cette glorieuse république impériale qui, sous le bras puissant de Napoléon Ier, a changé la face du monde, n'en prenez que ses vertus civiques ! qu'elles soient dans vos cœurs, qu'elles brillent sur vos fronts, avec toutes celles de votre âge. et que nous, qui avons vu vos pères, nous reconnaissions en vous les dignes descendants de ces grands citoyens dont le sang coula si glorieusement pour vous faire ce que vous êtes, des hommes libres, auxquels le savoir et le mérite ouvrent aujourd'hui toutes les portes ! Croyez-moi, cela vaudra bien les folles saturnales de *Mabille* et du *Prado*, les diatribes furibondes de certains bavards patriotes, plus roués que vous, qui exploitent la générosité de vos sentiments pour se donner une importance qu'ils sont loin d'avoir. Ils n'ignorent pas, ces hommes, que c'est à vous, en définitive, que doit revenir la plus large part d'influence dans les destinés de l'empire de nouveau fondé par Napoléon III. Voilà pourquoi ils cherchent à égarer votre jugement et à vous imposer leurs opinions impossibles. Le ferez-vous en étourdis, sans examen préalable des doctrines dont l'application reste dans le vague de leurs rêveries, dans les brouillards de l'arrière-pensée qui les fait mettre en avant? Servirez-vous à la fois vos ennemis par votre imprudence, et vos flatteurs par votre faiblesse? Vous êtes, oui, je le sais, je ne saurais le proclamer trop haut, vous êtes animés du meilleur esprit; votre enthousiasme naît de la candeur de vos âmes, de votre ardent amour pour tout ce qui est grand. Dirigez donc ces nobles sentiments, dont la jeunesse de nos écoles a donné tant de preuves, vers le seul but qu'ils doivent avoir, l'amour de la patrie, qui est saint comme l'amour de la famille où il prend sa source! Aimez la France comme vous aimez votre mère, les citoyens comme vos frères! et de cette fraternité commandée par Dieu lui-même, de cette union de tous les membres de la grande famille qu'on appelle la France, naîtra cette harmonie de pensées et d'actions, cette unité et cette convergence de toutes les puissances sociales, qui font seules la force, la prospérité et la durée des États! Ne verrons-nous point finir le règne des parleurs éternels qui, depuis un demi-siècle, ont tout sophistiqué, tout réduit aux proportions d'une analyse chimique ou d'une controverse de chicane? La nouvelle génération sera-t-elle obligée, comme nous, d'assister à des expériences sans fin, qui n'aboutissent à rien, à de longs plaidoyers qui laissent la question aussi embrouillée qu'à son point de départ? On se dispute le terrain de l'opinion publique, que chacun met de son côté, à l'aide d'une phraséologie plus ou moins ronflante, sentimentale, incandescente ou orgueilleusement modeste, hypocrite, appropriée à la couleur de circonstance; on joue à coups de balivernes stéréotypées, que mille canaux répandent dans le pays en vertu du droit qu'a chacun d'étourdir ses concitoyens de ses sottises...... la France, oui, la France!... les factions la jouent!!!...

On se heurte, on se déchire, qui avec un drapeau, qui avec un autre, et l'on décore ces luttes acharnées, incessantes, que l'on pourrait comparer à celles de corbeaux qui fondent sur un cadavre, du nom de patriotisme. Étrange abus des choses! Là, des enfants qui jouent leur mère, ici d'autres qui la déchirent pour lui imposer leurs caprices ou leurs volontés! tous, à les entendre, pour son plus grand bien!.. Où allons-nous? Celui-ci prétend que la France est trop vieille, celui-là qu'elle est trop jeune, un troisième soutient qu'elle vient à peine de naître. Prenez mon bras, vieille mère, dit le premier; appuyez-vous sur moi, vous allez tomber! Pauvre jeune fille, dit le second, écoutez ma voix paternelle; fuyez les piéges que vous tend la corruption ! laissez-moi vous guider par ma sagesse et celle de mes amis ! nous veillerons sur vous, nous vous protégerons contre tous les dangers qui vous menacent ! Le troisième enfin, la prend sur ses genoux, veut l'emmailloter, et la berce avec tout le galimatias de la philosophie humanitaire des socialistes. En vérité, c'est à mourir de honte ! Qu'a-t-elle besoin de vos béquilles, de vos bourrelets et de vos lisières ? Laissez-la donc marcher seule ; pourquoi l'étourdir de vos clameurs ? ne sait-elle pas mieux que vous ce qui lui convient ? Attendez qu'elle vous demande autre chose ; vous savez bien que quand elle manifeste une volonté, quand elle parle, elle le fait assez haut pour qu'on n'entende plus le chuchottement des brouillons, des mécontents.

Pour abréger autant que possible tout ce qu'il y aurait à dire sur le patriotisme républicain des socialistes considéré comme résultat de sentiments et de convictions politiques profondément sentis, je pense qu'il serait très difficile de le reconnaître au milieu de l'agitation générale des esprits, principalement chez les jeunes gens, au milieu surtout de la confusion qui règne dans tout ce que la presse quotidienne jette en pâture à ses nombreux lecteurs sur cette matière. Il faut des hommes doués d'une grande puissance d'analyse pour débrouiller ce chaos d'idées exubérantes, pour extraire ce qu'il y a de bon dans ce fatras où bouillonnent pêle-mêle l'extravagant et le sublime, la vérité et le sophisme, l'exagération et le moyen terme que tant de gens négligent. C'est à ce travail d'analyse que les esprits sérieux doivent s'appliquer, sans se préoccuper de cette surexcitation fiévreuse qui jette loin du but ceux qui se croient le plus près de l'atteindre. C'est un moment de crise, croyez-le bien! Examinez de sang-froid, étudiez les phénomènes qui l'accompagnent avec toute l'attention d'un médecin au lit d'un malade, afin de bien établir vos convictions avant d'employer pour le guérir un traitement qui ne ferait qu'aggraver les accidents, si vous n'y réfléchissez sérieusement. La génération qui s'élève doit, dit-on, jouir de tous les bienfaits pour lesquels la France s'agite depuis soixante ans. Je veux bien le croire, mais elle n'en prend guère la route. Quoi qu'on en dise, je soutiens qu'elle n'y parviendra qu'en faisant un retour à l'unité des principes, en morale, en religion et en politique, comme l'a conçu Napoléon III. Sans cela, on ne fera rien de bien, *ni pour, ni avec le peuple!* Quelle croyance voulez-vous qu'il accorde à vos paroles, s'il ne vous voit pas vous-même prêcher d'exemple? comment voulez-vous qu'il se soumette à une religion, à une foi politique nouvelles, quand jusqu'ici on a traité ces choses de niaiseries bonnes pour les esclaves, mais indignes d'hommes libres? Les peuples, songez-le bien, à force de vous l'entendre dire, ne voient dans la religion qu'un moyen à l'aide duquel les prêtres ont abruti les nations, et le gouvernement un autre par lequel quelques privilégiés pompent leurs sueurs et boivent le plus pur de leur sang.

Si le cadre étroit d'une lettre me permettait de

m'étendre sur ce sujet, de le traiter à fond, ce serait ici le cas d'examiner comment le comprennent ceux qui sont chargés de représenter les vœux et les besoins du pays que chacun invoque. Je commencerais par la presse, la seule institution sainte qui nous reste, ce sacerdoce des temps modernes sur lequel on appelle le respect des peuples et des rois, et j'examinerais si les ministres de cette religion la respectent assez eux-mêmes pour ne point trafiquer, comme comme l'a dit un savant critique, « *de tout ce qui est* » *vénérable parmi les hommes, de la vérité, de la* » *liberté, du patriotisme, des conditions de l'ordre* » *social, des passions politiques, de l'honneur des* » *individus; s'ils ne fomentent pas de funestes divi-* » *sions, ne ramassent pas avidement tous les scan-* » *dales, s'ils n'inventent pas quand ils n'ont rien à* » *dire, afin d'avoir plus d'abonnés et partant plus* » *d'argent.* » Qu'ils y prennent garde, ces prêtres si jaloux de leur puissance ! nous vivons dans un temps où tout est soumis à l'examen. Déjà l'œil avide des incrédules cherche à sonder les mystères de leur sanctuaire, afin de s'assurer si la divinité réside bien réellement dans son tabernacle, et, vous le savez, Monsieur, le peuple ne juge, en général, des choses que par les hommes, les religions surtout que par la vénération et le respect qu'inspirent leurs ministres; et quand ces derniers sont mauvais, sa logique habituelle confond les uns et les autres dans une même indifférence ou un égal mépris. Ce n'est pas tout-à-fait sa faute; c'est la faute de ceux qui égarent à dessein son jugement pour briser plus facilement les obstacles qui les gênent.

Monsieur, aujourd'hui on ne s'occupe que d'opinion ; de principes, nullement. De quels principes, au surplus, parlerait-on ? Du principe religieux ?... usé. On a une opinion religieuse, c'est bien assez. Laquelle ? ma foi, chacun la sienne. Du principe de la morale ?.... ah ! ah ! belle ânerie que la morale ! Nous avons nos codes civils et criminels ; toute la morale y est consignée : faites tout ce qu'ils ne défendent pas, et moquez-vous du reste ! Du principe politique ? lequel encore une fois ? — Démocratique, socialiste.... Bien ! alors laquelle des trente-deux républiques d'Aristote convient le mieux au peuple français ?..... — Du peuple. — C'est ce que je disais, car j'ouvre à l'instant *deux organes de l'opinion publique* qui me prouvent par *A* plus *B* que tout le pays est monarchique absolu et partisan du droit divin !!... O peuple le plus spirituel du monde, qu'as-tu fait à tous ces gens-là pour qu'ils se moquent ainsi de toi !... Car, en vérité, chercher encore à restaurer pour la troisième ou quatrième fois le trône du droit divin, sa monarchie absolue aboutirait au travail de Sisyphe, le rocher retomberait toujours. Ce serait aussi insensé, aussi extravagant que de vouloir reconstruire les murs de Babel pour élever la tour jusqu'aux cieux ; les dynasties ont leur période, comme toutes les choses humaines, elles peuvent pendant un certain temps, par intrigue, corruption, subtilité ou violence, être ramenées à leurs premiers principes ; mais ces principes et les hommes qui veulent les faire triompher ayant froissé et meurtri toute une valeureuse nation, on entreprendrait vainement de les ressusciter ; vieux bâtiments délabrés, ils s'ébranlent et écroulent ! Songez que le monopole du pouvoir opprime, l'agiotage appauvrit, l'accaparement des blés exaspère le peuple qui ne veut plus de *pacte de famine!..* le commerce ne veut plus être détourné, embarrassé, interrompu, ruiné ; l'industrie ne veut pas être paralysée sourdement, le crédit perdu !.. Et vous, vous avez pour principes de faire disparaître l'argent, l'aisance et le repos ; sous votre sceptre on incendie la chaumière et les récoltes et on réduit le peuple à bramer la faim !.. pour arriver là, vous achetez, gagnez, trompez, mentez, détruisez, anéantissez, diffamez et établissez la discorde entre le peuple et les riches ; vous êtes le *caput mortuum* de tous progrès, de toutes gloires, de toutes prospérités, de toutes libertés !.. la France vous maudit à tout jamais et ne veut plus de vous !..

Que résulte-t-il de tout ceci, Monsieur, c'est que tous les antagonismes se dressent contre ce qui est pouvoir, par la seule raison qu'il est pouvoir. Qu'il tombe, tous ses ennemis applaudiront à sa chute, mais ils recommenceront immédiatement la lutte contre son successeur, toujours au nom du peuple, au nom de l'opinion publique.

Ainsi donc, Monsieur, en tout, pour tout, et partout, votre fils va trouver ce génie de destruction qui souffle, sous le nom de progrès, le vertige dans toutes les cervelles. Poètes, romanciers, littérateurs, auteurs dramatiques, journalistes, publicistes, hommes politiques, tous sont sous l'empire de cette exubérance d'idées inquiètes, luttant à qui donnera le plus vigoureux coup de pioche contre le vieil édifice social dont Dieu lui-même a posé les fondements dans la conscience humaine éclairée du flambeau d'une révélation incontestable. Tous battent en brèche ces croyances simples et sublimes, mille fois plus faciles à comprendre que toutes les sublimités de la raison livrée à elle-même, et qu'ils veulent mettre à leur place, au milieu des ruines qu'ils amoncellent autour de nous. Si quelqu'un ose élever la voix contre leur orgueilleuse présomption, à l'instant on le siffle impitoyablement comme un vieux radoteur que Charenton réclame. Mais qu'importent ces huées et ces sifflets à qui dit la vérité?.. La tour de Babel ne fut jamais achevée, malgré le nombre et l'ardeur des ouvriers? La raison humaine, seule, ne dépassera pas la hauteur de Babel, et sa chute sera d'autant plus humiliante qu'elle se fera de plus haut !...

Que vous dire après tout cela? Votre embarras n'en est pas moins grand, car rien n'est critique comme la position d'un père dans cette circonstance. Il est souvent obligé d'imposer silence à son cœur, de refouler les réflexions que son expérience fait surgir devant lui, dans la crainte, fondée jusqu'à un certain point, d'être un obstacle à l'avenir de son fils, s'il contrecarre une volonté que l'on prend souvent pour une vocation bien prononcée. Pour moi, je ne crois pas

qu'au sortir du collége un jeune homme sache bien
décidément quelle profession lui convient. Tout au
plaisir de rentrer dans un monde dont il a été longtemps séquestré, qu'il n'a fait qu'entrevoir à travers
les charmes des vacances, atteignant l'âge où les passions commencent à faire sentir leur aiguillon, il se
jette avidement au-devant de tout ce qui lui plaît, de
tout ce qui lui fait sentir la liberté naissante et lui
laisse entrevoir la possibilité d'en jouir le plus largement possible. C'est, si vous voulez, un jeune aigle
qui essaie ses ailes, mais qui a besoin qu'on modère
son essor pour lui épargner une chute dangereuse.
C'est, sans contredit, le moment le plus critique de
la vie d'un jeune homme. Voilà pourquoi il faut que
la sollicitude paternelle et sa surveillance soient plus
actives que jamais. Beaucoup de parents ont généralement la faiblesse d'excuser une multitude de petits
écarts, sous prétexte *qu'il faut que jeunesse se passe,*
comme on dit; ceux-là ne devront pas s'étonner si,
plus tard, leurs enfants méprisent leurs remontrances
pour de plus grands. Il faut veiller les premiers pas :
c'est un traitement prophylactique toujours sûr. On
voit aussi beaucoup de jeunes gens qui, après avoir
reçu quelque peu d'éducation, rougissent d'embrasser
la profession de leur père. Si ce n'était un vice du
cœur bas et honteux, ce serait la marque d'une faiblesse la plus sottement orgueilleuse ! Ils oublient
bien vite que les plus grands citoyens de Rome s'ho-
noraient de conduire la charrue.

Combien qui auraient été d'honnêtes marchands,

d'habiles commerçants, qui auraient enrichi l'industrie de l'activité de leur intelligence, dont ils devaient
le développement aux sacrifices de leurs pères, ont
quitté leur maison, leur comptoir, leur ferme, pour
venir à Paris dissiper leur modeste patrimoine, ruiner
leurs frères, leurs sœurs, prostituer leur plume, pour
vivre au jour le jour entre le désillusionnement de la
veille et les espérances chimériques du lendemain,
et mourir déshonorés sur les marches d'un hospice
ou entre les quatre murs d'une prison ! Tout cela
pour se soustraire à l'épithète bêtement sarcastique
d'épiciers. Pauvres fous ! qui ne savent pas que, dans
l'intérêt même de ce progrès dont tout le monde se
montre si jaloux, un homme qui vend du poivre, qui
fabrique une étoffe, qui défriche un arpent de terre,
vaut mieux mille fois qu'un cerveau brûlé qui boule-
verse toutes les croyances, et que cent mille bar-
bouilleurs de papier qui vivent de mensonges et de
scandales. Où pensent-ils donc que se trouve la force
réelle du pays, si elle n'est pas dans la masse des
producteurs, des travailleurs, en un mot ? Le commerce est l'âme d'une nation, si l'armée en est la
force et la gloire. L'industrie est aux besoins de
la civilisation des peuples ce que l'agriculture est
à leurs besoins premiers ; les sciences, les arts,
ne sont réellement utiles que quand ils prêtent, les
premières leurs lumières, les seconds la puissance
de leur secours. Ils n'ont pas d'autres destinations
dans l'ordre providentiel, ordre dans lequel tout se
rapporte à la perfectibilité des moyens de bien-être

de l'homme sous la stricte condition du travail. Si cet impôt, mis par Dieu sur l'espèce humaine, s'acquitte par les fonctions de l'intelligence, j'imagine, dans mon gros bon sens, qu'il ne sera reçu qu'à la condition qu'il aura été accompli dans l'intérêt général, et non contre ce même intérêt. Il vous reste à juger vous-même, Monsieur, si les apôtres de l'émancipation intellectuelle acquittent bien cet impôt.

Je crois que, de nos jours, on néglige trop les choses positives pour les spéculations chimériques de la pensée ; que le grand nombre de raisonneurs, loin d'être utile, a pour inconvénient d'entraîner après lui beaucoup plus de brouillons que de véritables amis du progrès ; que ce même progrès réclame plus de bras actifs que d'intelligences désordonnées ; que, puisque c'est du bien général que l'on se préoccupe, il faut chercher ses conditions un peu plus dans la matière, un peu moins dans les divagations des théories. Quand la chaumière aurait un peu plus de laboureurs, nos académies un peu moins de pédants et d'athées, nos villages quelques bons instituteurs de plus croyant en Dieu, nos femmes moins de mauvais romans, et nos filles un peu plus de bons livres, de ceux où l'on respecte la morale, nos théâtres moins de pièces obscènes, et nos réunions intimes un peu plus de gens graves et sérieux, je ne crois pas que la société périrait sous le *perruquinisme* d'un semblable état de choses. Je dis au contraire que tout y gagnerait. La France n'en serait pas moins le pays des philosophes, des géomètres, des physiciens, des astronomes, des chimistes, des botanistes et des naturalistes, qui, tous, par des voies diverses, contribueraient aux progrès des connaissances utiles au genre humain. La littérature y gagnerait en force morale tout ce qu'elle perd en considération auprès des savants. Respectant ce qui est vrai, ne prenant ses inspirations qu'à des sources pures, elle n'infecterait pas, comme elle le fait aujourd'hui, la ville et la province de productions dont le moindre inconvénient est la médiocrité.

L'unité morale, basée sur la foi religieuse, profondément gravée dans le cœur des jeunes enfants avec l'éducation première, les mettrait, dans un âge plus avancé, à même de repousser les perfides insinuations de ce matérialisme grossier qui envahit tout, domine tout, et ne fait consister le savoir-vivre que dans l'abus de toutes choses et les excès d'un sensualisme qui énerve les plus forts. C'est à cette source de la morale qu'il faut retremper la jeunesse de l'empire, si l'on veut la rendre digne de ses destinées, et ramener au sein du pays tous les éléments de force et de savoir qui le doivent maintenir à la tête des nations civilisées.

[illegible]

LETTRE SUR L'ÉGOISME.

Vous m'avez reproché de n'avoir abordé, dans ma première lettre, que des généralités peu concluantes, et de n'avoir esquissé que des tableaux d'une telle excentricité, que vous doutez, dites-vous, qu'il soit bon de soumettre de telles peintures aux yeux de la foule, dans l'intérêt de cette même morale publique, dont vous voulez bien reconnaître cependant que je me montre zélé défenseur. Mon épître sent tant soit peu la diatribe, ajoutez-vous plus loin : je devais savoir que toutes vérités ne sont pas bonnes à dire ; et enfin, vous terminez par cette sentence de Voltaire : *Malheur à qui dit tout ce qu'il peut dire !..* Ceci peut être très vrai en diplomatie ; mais en morale et en philosophie, dans le temps où nous vivons, temps d'analyse s'il en fut, j'en demande pardon au philosophe de Ferney, sa sentence est hors de saison. Les réticences, quand il s'agit de choses graves qui intéressent la société tout entière, loin de me paraître l'effet d'une prudence raisonnable, me semblent le résultat d'un calcul de peur indigne d'un écrivain ; la modération en face du vice arrogant, est une faiblesse impardonnable. J'avais à peindre des faits hideux, j'en conviens, mais réels. Tous les ménagements du style n'eussent pu en altérer la réalité qui fait leur laideur. La vérité, dans ce cas, préfère le fouet de Juvénal à la férule d'Horace. Je peignais des vices, j'étalais des plaies honteuses, profondément ulcérées, gangreneuses ; le dégoût qu'elles m'inspiraient à moi-même ne pouvait être vaincu que par l'indignation et la ferme volonté de les attaquer de front avec le fer et le feu pour en tenter l'extirpation, la guérison radicale, et non pour en déguiser l'horreur par une médication appropriée aux exigences des yeux trop faibles, des nerfs trop délicats.

Et puis je me disais : Quand les apôtres de la démoralisation usent si largement de la liberté d'écrire, cette précieuse conquête de la raison sur l'ignorance tyrannique des temps passés, pour tout attaquer, tout ébranler sous nos pas ; quand mille canaux vomissent chaque jour dans nos provinces le poison qui va troubler jusqu'au repos laborieux du laboureur, de l'artisan sous son chaume, éveiller le malaise et les tortures de l'ambition chez le pauvre comme chez le riche, saper les bases de la vertu chez nos épouses, nos filles, renverser la famille de fond en comble en faisant vibrer dans tous les cœurs les cordes de l'amour effréné des jouissances brutales, égoïstes et matérielles, nous faudra-t-il, nous, obscurs mais bons citoyens, rester paisibles spectateurs d'une lutte qui,

commencée par des plumes plus ou moins éloquem-
ment captieuses, plus ou moins séduisantes par la
hardiesse du paradoxe, le coloris du style, l'exquise
politesse de la forme, pourrait finir par la hache brutalement destructive de l'ignorance armée? D'où
nous viendrait ce coupable neutralisme? Quand tous
parlent, écrivent, nous, héritiers de la franchise des
Celtes, nos aïeux, nous avons le parler trop vieux
gaulois peut-être!..... Allons donc! Sommes-nous
cyniques, par hasard, parce que nous osons présen-
ter la vérité toute nue? Cette vierge, la plus pure des
vierges, malgré tous les outrages qu'on lui fait, n'ai-
me-t-elle pas à se montrer ainsi aux regards des
hommes, sans rien perdre de sa pudeur? Ceux-là
seuls veulent lui laisser un voile de convenance, qui
auraient trop à rougir sous le rayon pénétrant de sa
prunelle! Son langage est dur!.. Oh! c'est vrai, elle
n'est ni flatteuse, ni servile. Elle sourit aux brusque-
ries d'un Jean Bart, et hausse les épaules de pitié
devant les discours ambigus des louangeurs des puissants. Ses épithètes sont impertinentes!.. Tant pis
pour qui les mérite! Avec elle, le fond l'emporte toujours sur la forme dans les procès qu'elle soutient
contre l'astuce de ses adversaires. Elle n'est pas polie comme un discours académique : elle va droit au
fait : elle précise d'une manière irréfragable, comme
un chiffre, la peccadille, la faute, le délit, le vice, le
crime, le forfait, la scélératesse, l'atrocité. Son jugement est infaillible comme ceux de Dieu dont elle est
la fille aînée. Elle est la mère de toute justice, la base

de la raison et le terme sur lequel se mesure la moralité des actes humains. Quand la vertu et la justice
sont opprimées par la force ou la perfidie, elle jette
son cri d'alarme dans les consciences, et ce cri doit
donner à tous indistinctement l'énergie de repousser
qui l'attaque et la blesse. Il y aurait lâcheté à ne le
point faire, et ce serait se rendre complice d'un désordre que de ne le point réprimer avec l'arme qu'elle
met entre les mains de chacun.

Je pense, Monsieur, que quand le vice triomphant
se montre effrontément aux yeux de tous, quand il
sème partout la corruption du mauvais exemple, fait
fermenter le secret désir de se mettre à son niveau
par l'abnégation de tous les principes religieux et sociaux, le plus grand malheur qui puisse arriver, c'est
qu'il n'y ait point dans la foule des spectateurs
éblouis, un citoyen assez fort de la dignité et de l'importance de son œuvre pour sentir le rouge lui monter au front avec la colère, et lui jeter à la face
l'anathème de sa réprobation d'honnête homme !
Qu'importent les sarcasmes de la multitude prosternée devant le veau d'or ? La presse n'est-elle pas,
comme on l'a dit, un sacerdoce ? l'écrivain moraliste
un apôtre ? Les tribulations, les difficultés, le martyre
même qui peut suivre son ministère, ne doivent point
lui en faire oublier la grandeur ni la sainteté. Il faut
qu'il cite à son tribunal tous les désordres, toutes les
passions mauvaises, tous les vices, tous les crimes !
Il faut que, le scalpel de l'anatomiste à la main, il
dissèque une à une toutes les difformités du corps

social, sans se mettre en peine des clameurs du malade ! il faut que, comme un médecin éclairé, il poursuive dans tous les détours de l'économie, dans tous les replis de l'organisation où il se cache, l'agent morbide, à l'aide d'une thérapeutique hardie sans cesser d'être habilement combinée. Sainte et noble mission de l'écrivain, œuvre sublime que déjà j'entends appeler *Don-Quichottisme!* efforts divins qu'on nommera coups de boutoir impuissants contre les cuirasses encroûtées de l'erreur, les épaisses murailles derrière lesquelles s'abrite la corruption ! ! !..

Le blessé appelle bien bourreau le chirurgien qui l'ampute ! Voit-on le chirurgien quitter le fer pour cela ? Non ! Que l'écrivain fasse comme lui; qu'il soit calme, mais sans pitié. Le salut de son malade est à ce prix. L'instrument une fois dans la plaie, qu'il continue son œuvre. Dans la guerre qu'il déclare à ses ennemis, qu'il se pose bravement en face de ses adversaires. Quand la vérité le protége, sa fermeté doit lui assurer la victoire. A nous donc! prenons corps à corps une de ces passions hideuses qui se déguisent sous l'apparence spécieuse d'attribut de notre nature, et qui prennent le prétexte de leur nécessité dans l'ordre physique pour jeter la perturbation dans l'ordre moral... A nous l'*égoïsme,* ce fils aîné de la barbarie, ce père de tous les désordres, de tous les crimes ! ! !..

Qu'on nous comprenne bien ! nous n'entendons nullement vouloir abolir une faculté qui, chez les animaux, prend le nom d'instinct de conservation, sentiment qui est propre à tous, et chez l'homme, celui d'amour réfléchi de soi-même, qui est le satellite obligé de son existence physique et morale.

Cet instinct, cet amour de soi, a été donné par le Créateur à tous les êtres animés, pour protéger, améliorer, perfectionner, embellir l'œuvre de Dieu. C'est *l'égoïsme de la raison!* Celui-là, nous voulons lui laisser sa place, car il est nécessaire physiquement et moralement; mais dès qu'il franchit le cercle dans lequel il doit se mouvoir et que lui trace le même instinct, le même amour *de soi* chez les autres, il faut à tout prix l'y faire rentrer. Dût-on user toutes les forces de la raison dans cette lutte, il ne faut pas lui laisser prendre un pouce de terrain au-delà de ses limites placées par la justice naturelle là où commence le droit d'autrui; car alors il devient le monstre hideux de *l'égoïsme*, celui auquel nous déclarons la guerre.

Plusieurs, se disant philosophes, ont prôné l'égoïsme parce qu'ils s'étaient aperçus, disaient-ils, que ce sentiment avait été un des plus puissants moteurs de réaction de l'esprit humain contre la tyrannie et l'ignorance dominatrice de trop vieilles institutions; mais bientôt, voyant qu'ils avaient réchauffé un monstre insatiable, qui, aujourd'hui, les dévore eux-mêmes et toutes leurs œuvres, ils se sont mis à crier contre, plus fort que les autres. Quand on allume un incendie, doit-on s'étonner de ses ravages? Quand on a divinisé l'individualisme, lui brutal, irrationnel de sa nature; quand on a préconisé la morale des intérêts privés aux dépens d'inté rêts généraux, mal compris peut-être (nous ne les discutons pas en ce moment), il ne faut pas s'étonner des désordres qui en sont infailliblement la suite. Les intérêts matériels sont intimement liés aux intérêts moraux ; ils sont assurés, en marchant de concert, de trouver tous leurs moyens d'extension sous toutes les formes possibles : mais si vous les désunissez, si vous soulevez les premiers en haine d'institutions qui vous blessent, à tort ou à raison, contre les seconds, il en résulte une lutte incessante d'égoïsme à égoïsme, lutte dans laquelle tout le positif étant matériel, toute moralité disparaît, tous les intérêts sont lésés, meurtris, étranglés les uns par les autres ; d'où une anarchie violente, une confusion horrible, à laquelle on ne peut assigner d'autre terme que la destruction de tous les agents moraux qui unissent les sociétés. Car tel est l'effet de l'égoïsme abandonné à son énergie envahissante : il attire, absorbe, dévore tout au détriment des égoïstes ses semblables ; il pompe toute la sève de l'arbre social et n'y laisse bientôt plus pendre que des rameaux languissants, qui ne donnent pas de fruits.

C'est ce qui est arrivé par suite de prédications maladroites, pour ne pas dire impies. On avait établi que, sous la forme ancienne, le droit individuel s'était sacrifié, annulé, détruit volontairement au profit de la tyrannie religieuse et gouvernementale ; qu'il en était résulté une abnégation complète de la raison humaine, à la suite de laquelle les hommes ont été dupes, jusqu'à présent, d'une atroce friponnerie, et sont restés proie, butin, curée d'imposteurs. Quand un commencement de réaction s'est opéré, on a battu des mains, on a crié bien haut et partout qu'enfin le crépuscule de l'intelligence éclairait les hommes. L'impulsion était donnée, le premier pas avait été heureux, on a donc poussé *les intelligences* à se raidir, mais si violemment qu'on a fait craquer tous les liens sociaux. Le mouvement brusque, irrationnel, irréfléchi, opéré par les individualités galvanisées par la colère, les a fait cambrer en arrière jusqu'à la difformité de l'égoïsme. Elles s'y sont maintenues, en dépit de toutes les criailleries hypocrites de ceux qui les avaient mises en jeu, et logiquement il ne pouvait en être autrement, puisque la raison et la sympathie, la morale et la pensée qui unissent les hommes, avaient fait naufrage dans ce déchaînement furieux de la force individuelle.

Résumons-nous. Oui, l'instinct de conservation et l'amour de soi sont des attributs nécessaires à notre condition naturelle; mais l'exagération de ces sentiments, que nous désignerons plus volontiers alors sous le nom d'égoïsme, est la plus mauvaise, la plus funeste, la plus hideuse de toutes les passions. L'égoïsme résume en lui toutes les autres, les asservit et en fait les ministres de ses ignobles appétits. Le cœur de l'égoïste est une sentine infecte, où grouillent tous les vices, toutes les turpitudes, toutes les bassesses. L'égoïste ne voit que lui, ne pense qu'à lui, n'aime que lui, rapporte tout à lui. Il sait être vertueux par calcul, scélérat par spéculation. Il est prodigue et avare, ambitieux, modeste, vaniteux et simple jusqu'à l'affectation, intempérant et sobre, chaste et cynique, patient et colère, miséricordieux et vindicatif, franc et menteur, audacieux et rampant, selon les circonstances, mais toujours pour lui, pour son propre intérêt, jamais pour celui des autres. Renard, il attire dans ses piéges ! Serpent, il rampe pour vous enlacer dans les replis de ses anneaux ! Vautour, il fond avec impétuosité sur sa proie et l'enlève dans ses serres cruelles ! Loup, chacal, il déchire ses victimes de sa dent meurtrière ! En un mot, il n'appartient à l'espèce humaine que par la figure. Vit-il dans le célibat ? il s'isole, ou ne voit que ceux qui peuvent lui être utiles ou à qui il est indispensable pour faire payer chèrement ses services. S'il songe à s'engager dans les liens du mariage, ne croyez pas que l'amour et la sympathie, ces doux présents du ciel, déterminent son choix. Non, l'égoïste ne sait que compter ; son âme est vide ! La femme pour l'aider, le servir ! la dot pour l'enrichir ! voilà tout. Il sait d'avance qu'il n'aura qu'un héritier. La loi veut qu'il en soit ainsi pour que l'époux soit assuré de la fortune de l'épouse. Il aura un héritier, non pour jouir des douceurs de la paternité, mais pour ne pas être obligé de restituer la dot. Sa femme peut mourir après, peu lui importe ! Son fils la suit dans la tombe ; son œil reste sec sous le mouchoir dont il affecte de se couvrir le visage en suivant le cercueil, et son cœur bondit de joie en comptant en lui-même ce que ces deux trépas viennent de lui faire gagner.

Un violent incendie, qui menace de tout dévorer, vient-il à éclater dans son voisinage? le premier il court au corps de pompiers; il tremble, non pour les autres, mais pour lui. Il traîne les pompes devant sa maison, il va partout prier ses voisins de l'aider à le secourir, lui, toujours lui; il n'aura de repos que quand il aura entraîné tout le monde à sa suite. Le feu a-t-il épargné sa demeure, en continuant d'exercer ses ravages? il fuit sans mot dire, va s'enfermer chez lui, et ne s'enquiert plus de rien. Sa propriété lui reste, il n'a plus rien à craindre! Qu'on le prie à son tour, qu'on cherche à l'émouvoir par le tableau déchirant des malheurs de ses voisins; il reste impassible, répond froidement qu'il n'y peut rien, qu'il s'est donné assez de mal pour se sauver lui-même. Le lendemain, il y aura une liste de souscription en faveur des victimes; son nom n'y figurera point. Le lendemain aussi une plainte sera déposée au parquet contre l'imprudent auteur du sinistre; il la signera le premier.

Un fléau épidémique ravage la contrée. Quand l'égoïste n'a pu prendre la fuite sans danger, il fait le chiffre de ceux qui succombent, et suppute les chances de salut que leur nombre lui donne; plus il augmente, plus il espère être compris dans l'escompte que fait la mort aux vivants, sur l'impôt d'existences humaines qu'elle a chargé son affreux ministre d'aller impitoyablement lui lever sur ses vassaux. La moisson faite, lui compris dans la remise des quatre ou des cinq au cent, comme il l'espérait, le cortége des veuves et des orphelins peut passer sous ses fenêtres; il ne le verra point. Sa maison est fermée à toutes les infortunes. Il n'en est point sorti pendant tout le temps qu'a sévi le fléau. Chose étrange! un bulletin circule; il cite tous les beaux traits d'héroïsme et de dévouement qu'inspirent les grandes calamités publiques, en réveillant dans les âmes le sentiment d'égalité par la pitié qu'inspire le malheur : son nom s'y trouve inscrit parmi les plus dignes. L'égoïste demande la croix, ce signe du courage civique : il l'obtiendra !.....

La famine étrangle tout le peuple. Que fait l'égoïste? il va par la ville et les marchés, cherchant un morceau de pain qu'il ne veut point trouver, et offre de le payer au poids de l'or. Le désespoir affecté sur sa figure, il rentre et s'enferme au fond de sa maison où une table somptueuse l'attend. Il se gorge de viandes et de vins, tandis que le pauvre, exténué par la faim, vient mourir sur le seuil de ses magasins d'accapareur. Les pleurs, les prières, les cris de la souffrance et du désespoir n'arrivent pas jusqu'à lui : ils troubleraient la digestion du mauvais riche, qui refuse à Lazare jusqu'aux miettes de sa table.

L'ennemi est aux portes de la ville qu'il somme de se rendre. L'armée et les citoyens indignés veulent le repousser ou périr glorieusement pour leur indépendance et l'honneur de leur drapeau, de leur pays; on oublie tout pour ne songer qu'au salut de la patrie! L'égoïste, lui, il ira furtivement lui en vendre les clefs. La trahison lui sourit; ne va-t-elle pas pro-

téger de la bombe incendiaire et de la fureur du
soldat son toit et ses trésors ! Périsse tout, mais qu'il
vive, qu'il reste paisible possesseur d'une maison,
d'un palais, qui pouvaient l'ensevelir sous ses décombres ! peu lui importe le reste ! Quand toute une
nation pleure de rage de se voir enlever la victoire
par la perfidie du traître, gémit sur la honte d'une
invasion humiliante imposée par la force et le nombre, et fait résonner partout ses cris d'indignation,
lui, va saluer l'ennemi avec lequel il a trafiqué de
l'honneur et de la liberté de son pays, et plante le
premier sur sa maison le signe de la honte et de l'esclavage, le drapeau des vainqueurs ! Il allume des
feux de joie devant sa porte, pavoise son balcon des
couleurs anti-nationales, et se réjouit de la ruine publique : l'invasion triple ses capitaux. Aujourd'hui
vil espion, demain, pour un peu d'or, il se fera le
bourreau de sa famille et de ses concitoyens. Cinq
cent mille baïonnettes le protégent ! rien ne saurait
l'effrayer. Son cœur est sec et impassible comme le
triangle d'acier de Guillotin ! L'infâme ira ensuite
faire retentir les voûtes sacrées du chant du *Te Deum,*
au milieu des uniformes étrangers !...

L'égoïste, on l'a dit, et on ne saurait trop le répé-
ter, sera toujours un mauvais citoyen. Il ne connaît
pas de famille; connaîtra-t-il la patrie, les devoirs et
les droits de la cité? Il est à ses concitoyens ce qu'est,
dans un champ cultivé, la plante parasite au bon
grain, dont elle pompe tous les sucs et qu'elle finit
par faire périr.

Qu'un tel homme arrive aux emplois, il n'y verra qu'un moyen plus facile de s'engraisser des deniers publics. Il sera concussionnaire, abusera du télégraphe, tripotera à la Bourse, fera des marchés honteux. Magistrat, il vendra la justice, absoudra le coupable et condamnera l'innocent, s'il y trouve profit. Législateur, il mettra son vote et sa conscience (si l'égoïste avait une conscience) à l'encan. Il sacrifiera tous les intérêts de ses commettants pour satisfaire les siens et s'élever jusqu'aux plus hauts emplois. Ministre, ambassadeur, il trompera la confiance du chef de l'État pour entasser or sur or, et livrera, s'il le faut, sa patrie à l'étranger pour emplir ses coffres. Roi !... Oh ! je m'arrête ; l'histoire est là pour nous apprendre ce que c'est qu'un roi égoïste, le pire de tous les fléaux dont Dieu, dans sa colère, puisse affliger une nation !...

Voyez *Nemrod,* le chasseur farouche, dévoré par la soif de la domination, essayant sur les hommes le système d'asservissement qu'il employait pour dompter les animaux sauvages ! Voyez les *Bélus,* les *Ninus,* les *Sémiramis,* qui ne montent sur le trône que pour se signaler par l'orgueil fastueux de la puissance, de la terreur et de la violence, laissant des successeurs qui, du sein de Ninive et de Babylone, traînent le carnage et la destruction au cœur de l'Inde, de l'Égypte, de la Palestine, incendient Jérusalem, chassant devant eux les peuples esclaves comme de vils troupeaux, et finissant par se faire déifier par la crainte qu'ils inspirent ! Voyez *Alexandre,* cet ambitieux égoïste, qui, jaloux des victoires de son père, pleure d'avoir trop peu de sang à verser en Grèce, en Perse et jusqu'aux bords de l'Indus, où il laisse partout, sur son passage, des traces funestes que l'œil de l'historien philosophe a peine à suivre sur la carte des désastres du monde ! Sa rage de conquérir lui fait craindre que l'univers ne soit trop étroit : il frémit à l'idée de voir borner sa puissance, et cherche de nouvelles routes pour y porter la dévastation. Mais la mort l'arrête dans sa course et venge l'humanité de ses forfaits. Enfin voyez *Rome*, fondée par une poignée de voleurs, se frayer une route sur les mers pour aller détruire Carthage dont elle redoute la puissance rivale, et qui, égoïste comme elle, rêve l'empire du monde. Carthage tombe, et entraîne dans sa chute Corinthe et Numance. L'Asie, l'Afrique, le monde devient la proie des vainqueurs.

A cette série de crimes, d'atrocités sanglantes, engendrés par l'égoïsme, dont l'histoire ancienne nous a laissé d'aussi effrayants tableaux, joignez tous ceux non moins épouvantables dont fourmille l'histoire moderne. Oh ! alors la plume se lasserait à peindre cette succession de forfaits sur lesquels sont placés les fondements de tous les grands empires, royaumes et républiques qui subsistent encore aujourd'hui, et dont les premières pierres, scellées avec le sang humain, sont autant de témoignages de la fureur de l'égoïsme. En vain, pour en déguiser l'horreur, l'histoire et la politique s'efforcent-elles de n'y voir que les pages des grandes phases ascensionnelles par où doivent passer les nations pour arriver à la civilisa-

tion des temps actuels ; l'œil du philosophe se dé-
tourne avec dégoût de cet océan de misères, de deuil,
de larmes, de sueurs et de sang humain, qui déborde
à la surface du globe et fait honte à notre espèce.

A ces tableaux des plaies produites par l'égoïsme,
depuis une longue suite de siècles, sur l'humanité entière, plaies toujours saignantes que le génie du mal
s'efforce de rouvrir, faut-il joindre celles qui, pour
être produites dans un monde plus resserré, dans un
cercle plus étroit, n'en portent pas moins la désolation là où elles ont leur siége ? Que devient la moindre
association sous le souffle de ce monstre ? Où aboutissent les sociétés les moins nombreuses, quand l'é-
goïsme de quelques-uns en mine les bases ? Que sera
la famille, quels seront les rapports du père et des
enfants, des frères et des sœurs, des parents en un
mot, si un seul absorbe à son profit l'existence et le
bien-être de tous ? Tout se sépare, se divise, s'écroule
et périt sous l'ignoble loi du *tout pour soi*. Avec elle,
on étouffe au fond de son âme la passion du bien, on
ossifie son cœur pour éteindre les vouloirs de la
vertu, la soif des grandes actions, les élans de la sympathie et du dévouement qui bouillonnent dans la
conscience de tous ceux que la corruption de l'égoïsme
n'a pas encore flétris. On déflore la jeunesse de ses
plus précieuses qualités, l'enthousiasme et la sincérité ; on imprime à l'âge mûr le cachet de la vieillesse, et l'on devient vieillard sans avoir senti, sans
avoir vécu autrement que la chenille sur l'arbre.
Est-ce ainsi qu'il faut comprendre l'amour de soi ?

L'homme doit-il sentir et penser comme la bête, qui n'a qu'un instinct grossier pour se conduire ?.. Voyez l'abeille laborieuse, la fourmi prévoyante, la fourmi, ce type de l'égoïsme raisonnable ; voyez les castors industrieux, qui vivent en commun, se groupent en familles, s'associent pour s'assurer un bien-être réparti ensuite entre eux tous avec la plus scrupuleuse justice ; voyez le lion, ce roi du désert, le tigre, la panthère, tous ces animaux dont la cruauté est proverbiale ; le loup lui-même que la faim pousse à l'excès de la fureur la plus audacieuse : tous ont leur égoïsme instinctif, renfermé dans de certaines limites qu'ils ne dépassent jamais ; tous ils ont l'instinct de la conservation porté à un très haut degré ; mais chez tous cet instinct est balancé par celui de la nécessité des secours mutuels qu'ils se doivent dans mille circonstances, sous peine de rendre le premier nuisible ou tout-à-fait inutile.

Où trouver moins d'égoïsme brutal que dans le coq, ce symbole de la vigilance, ce modèle d'abnégation personnelle ! que dans la poule, dont la tendresse maternelle n'a pas de bornes ? Connaissent-ils davantage l'égoïsme, ces oiseaux voyageurs dont les bandes nombreuses étonnent l'intelligence par leur prévoyance, leur ordre et leur discipline, dans leurs courses à travers les régions de l'air ? Admirez comme les forts y protègent les faibles, comme ils secourent leurs malades, qu'ils n'abandonnent qu'à la dernière extrémité ; comme ils se prêtent mutuellement le secours de leurs ailes. Écoutez ce cri d'alarme que jette leur avant-garde, à l'approche ou au voisinage de l'oiseau de proie, ce tyran égoïste des airs, qui peut les attaquer : à ce signal, tous se serrent pour opposer la plus vigoureuse résistance ; tous s'unissent pour se défendre, et l'on n'y rencontre jamais un lâche égoïste, abandonnant les siens au milieu du danger pour crier : *Sauve qui peut!* en cherchant le premier son salut dans la fuite.

Voyez toutes ces choses, réfléchissez, et comprenez les conditions que la raison et la morale imposent à l'exercice de nos passions naturelles. Le sentiment de notre dignité personnelle offensée ne s'exagère-t-il point jusqu'à la colère la plus brutale? Qui niera que la colère ne soit un vice affreux, puisqu'elle peut conduire à l'homicide? Qui sera assez fou pour justifier la colère, parce qu'elle ne serait, après tout, que le résultat du sentiment trop vivement perçu de cette même dignité personnelle?

Quoi! vous voulez tout pour vous, rien pour vos semblables, et, avec cette maxime née dans les cavernes de la barbarie des premiers temps, vous prétendez arriver au bonheur par les jouissances exclusives, accaparer la nature entière à votre profit, gaspiller honteusement ses dons pour en priver les autres membres de la famille humaine? Mais c'est vouloir surpasser la bête fauve en férocité! Ne comprenez-vous pas que vous êtes tous frères, que vous avez tous les mêmes droits, et qu'en vous les donnant Dieu vous a placés tous sur un domaine assez vaste en terre, assez riche, assez fertile, pour qu'il y ait place pour tous à son soleil, nourriture, bien-être, jouissances pour tous par l'exploitation du fonds qu'il nous a donné en commun, non pour que le fort prenne la part du faible, mais pour qu'il l'aide, le protége, et la lui assure au besoin contre la fraude et l'injustice? Telle est la loi primitive, immuable, éternelle, de Dieu. S'il a placé dans le cœur de l'homme l'*égoïsme,* c'est que ce sentiment, maintenu dans les limites de la raison éclairée du flambeau de la morale, est un stimulant au travail par lequel seul il doit trouver sa satisfaction ; et nous entendons par travail non-seulement tout ce qui met en jeu nos forces physiques pour préparer, faire fructifier et assurer les choses destinées à soutenir notre existence matérielle au milieu de tous les obstacles qui l'assiégent, mais encore tout ce qui prépare, éclaire, instruit et affermit notre intelligence dans la connaissance et l'accomplissement des devoirs qu'imposent la condition d'être raisonnable, la souveraine justice, la famille, la société, la morale, les lois, la religion, les formes gouvernementales, en un mot, tout ce qui constitue la perfectibilité de la vie intellectuelle. L'égoïsme, dans le sens que nous lui donnons, détruit tout cela. Aussi, à côté de l'égoïsme instinctif, Dieu a-t-il placé la raison et la sympathie pour lui servir de contrepoids. Seul, l'égoïsme divise les hommes, nous l'avons prouvé ; mais, uni avec la raison et la sympathie, il forme une trinité qui assure la conservation personnelle de chacun, et identifie tous les membres de la société dans leur intérêt mutuel et réciproque : autrement, et nous l'avons également prouvé, l'égoïsme devient un fléau redoutable dont les mille suçoirs vont pomper et tarir partout les sources de la vie commune.

Écrivains, génies brillants, ne prêchez donc plus l'égoïsme. Vous avez une plus noble, une plus sainte mission à remplir, un plus précieux usage à faire de votre supériorité intellectuelle. N'est-ce pas assez de ruines comme cela? Dans ce grand naufrage que quelques hommes infernaux veulent faire faire au vaisseau de l'État!... songez au moins à sauver ses dieux! Loin de l'accabler de l'ironie, de l'insulte, de l'insolence, du sarcasme, soyez sa providence et Dieu vous bénira!... enfin, soyez les phares lumineux qui l'éclairent dans sa route; faites luire sur lui le flambeau de la morale, et vous le verrez sillonner majestueusement l'océan et voguer à pleines voiles vers ses véritables destinées!

Pour terminer sur un sujet qui demanderait à être traité par une plume plus exercée, plus savante que la mienne, permettez-moi, Monsieur, de vous retracer ici une aventure de mon jeune âge, aventure qui m'a vivement impressionné alors, et qui, dans la suite, a souvent fait le sujet de mes réflexions. C'est à elle, au surplus, que je dois d'avoir essayé de flétrir un vice dont les funestes progrès menacent de tarir, dans toutes les consciences, les sources de la prospérité publique et privée, en étouffant les semences de vertus que Dieu a mises au cœur de tous les hommes, avec l'injonction sévère de les faire fructifier, sous peine d'être éternellement malheureux sur cette terre.

Jeune, j'aimais à diriger mes courses vagabondes à travers nos prairies et les routes mousseuses de nos bois. Souvent je m'enfonçais dans la belle et sombre forêt de Boursier, où tous les souvenirs de grandeur passée, d'antique sagesse des premiers habitants de Cluny, venaient se dresser devant moi, et faisaient revivre les mœurs d'un autre âge. La solitude sauvage de la vallée de la Grosne me charmait. Je me plaisais à suivre ses bords verdoyants dans leurs mille détours, à l'ombre de ses peupliers flexibles et de ses saules ondoyants, en lisant les ouvrages de ces hommes avides de science, dont le silence du cloître avait mûri le génie puissant. J'aimais Foitin, j'aimais le plateau de Bel-Air et la paix silencieuse du vallon de Lourdon, les débris de son vieux manoir, ses chênes vigoureux, ses bouleaux à la chevelure argentée, et ses vignes qui étalaient leurs pampres verts et leurs grappes dorées ; j'aimais la liberté et l'espace des champs, l'austérité pittoresque de nos montagnes ; et souvent, assis sur le vert gazon, j'écoutais la voix plaintive et solitaire de l'oiseau rappelant sa compagne. Beaux lieux où s'écoula ma jeunesse, combien de fois votre doux souvenir a rafraîchi mon cœur ! combien de fois j'ai retrouvé, dans le fond de mes souvenirs, ces illusions de bonheur qui font tressaillir sous vos doux ombrages, et que le temps impitoyable détruit une à une loin du pays natal !

C'était un jour que je me promenais dans nos délicieuses campagnes, gravissant un de nos riches coteaux, d'où l'œil plonge sur les beautés les plus riantes de la nature, et découvre dans un immense rayon le plus varié des panoramas. Il m'arriva, qu'après avoir couru, comme un enfant, après des papillons aux ailes diaprées des couleurs les plus éclatantes, leur vol, mille fois suspendu pour caresser quelques fleurs que le zéphyr balançait mollement sur leur passage, me conduisit, sans savoir par où j'y étais venu, dans un champ de verdure formant un moelleux tapis, dessiné en corbeille au milieu d'une forêt de ceps vineux. Le soleil touchait au terme de sa course. Ses derniers feux, lancés obliquement, allongeaient sur l'horizon leurs longs faisceaux de lumière orange-rouge, dont les teintes si vives font le désespoir de l'art. La cloche de l'antique monastère retentissait dans le lointain et allait se perdre de colline en colline ; aucun souffle ne glissait dans les plaines de l'air, et pourtant on aurait cru entendre soupirer, à travers les feuilles doucement frémissantes, la voix suave d'une prière religieuse.

Frappé de la beauté du lieu où je me trouvais transporté d'une manière presque féerique, je m'élançai, d'un bond, sur les verts coussins qui m'invitaient à m'asseoir, et je m'y étendis avec toute la nonchalance d'un gamin de septième qui veut se reposer sans gêne, loin de l'œil du maître d'études. J'étais dans la position de l'astronome Lalande pour étudier le cours des astres, de Lalande qui avait la force d'être athée sous le charme imposant d'une belle nuit d'été !!!.. Que je me trouvais bien là ! quel ravissant spectacle ! Tout autour de moi serpentait sur l'échalas noirci la vigne flexible, d'où pendaient, au milieu des feuilles, des milliers de grappes d'un raisin dont le grain velouté et bien rempli avait dû faire sourire d'espérance plus d'un Clunisois. A mes pieds, sous moi, une végétation luxuriante faisait briller, au-dessus de l'herbe haute et drue, des myriades de renoncules aux pétales d'un jaune éclatant, de marguerites dont le disque étoilé ressemble à des faisceaux de lames d'argent soudées autour d'un bouton d'or. Au-dessus de ma tête, le plafond imposant des cieux, sur lequel le jeu des lumières prismatiques du soleil couchant peignait, comme dans un mirage, de riants paysages, des rochers pyramidaux, des plaines avec leurs ondoyantes moissons, des mers que sillonnaient des vaisseaux, des lacs, des forêts immenses, des figures d'animaux gigantesques, fantastiques, qui, insensiblement, perdaient leur forme première pour se convertir en arbre, en montagne, en tour, en château-fort. Les uns s'allongeaient en longues nappes de couleur, dont les teintes dégradées enfonçaient, ramenaient ou changeaient la perspective du magique et divin tableau qui fascinait mon regard, et finissaient par se fondre dans l'ensemble des nuances célestes.

Je renonce à décrire ce que j'éprouvais dans ce délicieux moment de tête-à-tête avec cette douce et belle nature. J'étais plongé dans une de ces extases contemplatives pendant lesquelles l'homme se sent tout imprégné de Dieu. J'ai souvent pensé, depuis, que c'était là une image, bien imparfaite, sans doute, mais la plus vraie, de ce bonheur des élus dont l'apôtre Paul dit : « *Que l'œil de l'homme n'a jamais vu, son cœur n'a jamais compris ce que Dieu garde d'ineffables délices aux mortels vertueux !!!* »

Une heure à peine venait de s'écouler, que je fus tiré de mes rêveries philosophico-religieuses par le bruit que faisait une famille de vignerons qui venait se reposer sur ce même tapis de verdure où j'étais si mollement étendu. À son approche, je relevai la tête, et j'aperçus, au-dessus de la rampe verte que formait la vigne, le buste d'un homme d'un modèle perdu, ou qu'on ne retrouve guère que dans nos contrées celtiques. Tel devait être celui des anciens patriarches, ou du vieux prêtre druide qui sacrifiait sur la pierre, au fond des forêts sacrées incendiées par Tibère. Celui qui venait devant moi était un beau vieillard dont la tête, majestueusement blanchie, portait noblement le poids des années. De ses grands yeux, de son visage animé, partaient comme des rayons d'une lumière magnétique, qui commandaient le respect et l'admiration pour la sévère beauté qui dominait l'ensemble de ses traits tempérés par un air de douceur tout évangélique. C'était la simplicité unie à la grandeur, la noblesse jointe à la bonté. Il tenait à la main un long bâton, semblable à celui avec lequel on peint Bélisaire. Derrière lui marchait un homme dans la force de l'âge, dont les bras nus annonçaient une puissance musculaire peu commune. Il tenait d'une main un broc rempli de vin, et de l'autre soutenait la marche d'une jeune et belle femme chargée d'un panier de raisins choisis, et destinés à former ces longs et riants chapelets qui pendent au plafond du pauvre comme du riche Bourguignon. Deux jeunes enfants, à la face bouffie comme deux chérubins, complétaient ce groupe. Le plus jeune des deux courait après son frère, qui semblait le provoquer en lui montrant une belle grappe de raisin donnée par leur mère, et qu'il effleurait de ses lèvres rosées.

Le vieillard, l'homme et la femme vinrent s'asseoir sur mon tapis de verdure. Je me levai aussitôt pour les saluer, et me disposais à me retirer, lorsque, s'en apercevant, le vieillard me dit d'un air de bonté toute paternelle : « Pourquoi vous retirer, jeune homme? il y a place ici pour tous ceux qui veulent s'y reposer. Ne craignez pas d'être indiscret ! et, si votre absence n'inquiète personne chez vous, demeurez avec ceux qui sont venus, comme vous, jouir du charme d'une belle soirée d'automne, et se reposer un moment des travaux de la journée. » Je balbutiais encore quelques mots de remercîments pour sa grâce obligeante, que déjà il avait rempli un gobelet qu'il me présentait gaîment. Je l'acceptai de même, et le bus d'un trait à la santé de cette bonne et belle famille. « Bien ! me dit le vieillard, maintenant que la connaissance est faite, vous êtes libre. La société des hommes âgés n'est pas toujours gaie ; mais j'ai là ma fille, mon gendre et deux marmots dont les jeux pourront vous distraire. » Pendant ce colloque, une altercation s'était élevée entre les deux frères. L'aîné, plus agile, ne se laissait jamais atteindre par le plus jeune, qui voulait sa part de la grappe de raisin qu'on lui montrait toujours sans la lui laisser toucher. Sa petite moue trahissait son petit dépit de voir à chaque instant son frère la dépouiller d'un grain qui disparaissait aussitôt pour être suivi d'un autre, qu'il s'efforçait vainement d'empêcher de prendre la même route. Fatigué de cette lutte inégale, il finit par pleurer en réclamant sa part de la grappe veloutée, et en appelant sa mère pour l'obtenir. Celle-ci les fit venir tous deux, prit le plus jeune sur ses genoux, essuya ses larmes, et dit à l'aîné, qui se tenait confus à quelques pas d'elle, de satisfaire à la demande de son jeune frère. Mais l'enfant s'obstinait à vouloir tout garder, et répétait sans cesse : « Ma mère, c'est à moi que tu l'as donnée ! c'est pour moi ! — Assez, petit égoïste, dit le vieillard, qui, jusque-là, s'était contenté de leurs doléances ; c'est mal à toi de ne vouloir partager avec ton frère ce que ta mère t'a remis pour vous deux ! Donne-lui sa part, et, pour te punir de ton mauvais cœur, je vais prendre la tienne, que je ne te rendrai que quand tu seras plus sage. » L'enfant obéit, et se tut. Ce nuage de tristesse se dissipa promptement, et bientôt nos deux lutins reprirent leurs jeux bruyants sur le gazon.

« Voilà pourtant, dit le vieillard en se tournant de mon côté, un des premiers symptômes d'un mal qui a fait plus de victimes humaines que tous les fléaux ensemble. Ce sont là les premiers bourgeons de l'égoïsme, tant vanté de nos jours comme moyen de succès dans le monde. Laissez cette mauvaise herbe germer dans le champ social, et bientôt elle en aura fait un vaste désert, où les bêtes fauves seront moins cruelles que les hommes ! » Je fus frappé de la profondeur de cette réflexion si grave sur un sujet aussi léger ; mais ce vieillard était un homme vraiment sage ! — Les enfants, après avoir bien joué, bien couru, revinrent se placer près de nous. L'aîné prodiguait mille douces caresses à son jeune frère, qui fut vite se jeter dans les bras de sa mère, tandis que le premier priait son grand-père de lui raconter quelque histoire. « Tu sais, disait-il, *père*, une histoire comme tu nous en racontes toujours ici l'été, ou au coin du feu l'hiver. — Je le veux bien, si cela peut te faire plaisir et te corriger surtout ; car rien ne dispose plus les enfants à mépriser leurs devoirs que de rapporter tout à eux en oubliant leurs frères, comme tu viens de le faire. — Mais, mon jeune ami, me dit-il, cela ne sera guère intéressant pour vous ! Je l'assurai que j'aurais le plus grand plaisir à l'entendre.

Le vieillard commença donc en ces termes :

En ce temps-là, un homme passait sur la grande route. Il faisait bien froid.

Sa main, engourdie par la bise qui soufflait, avait peine à tenir un bâton sur lequel il s'appuyait en marchant. Ses souliers, que maintenait une ficelle mal nouée autour de ses jambes affaiblies, laissaient voir, à travers de larges déchirures, l'extrémité violacée de ses pieds nus. Son vêtement, mille fois déchiré, le protégeait à peine contre la rigueur de la saison.

Un voyageur vint à passer, et il dit à ce voyageur : Frère, la faim me dévore ! un peu de ce pain que je vois à travers les mailles de ton carnier pour apaiser ma faim ! un peu de cette liqueur contenue dans la gourde qui pend à ton cou pour étancher la soif qui me brûle !

Et le voyageur, sans l'écouter, lui dit : Passe au large !.... ce n'est pas sur une grande route qu'on demande l'aumône ! Et il lui répondit : Frère, donne-moi au moins ton bras pour gagner l'hôtellerie voisine, ou je sens que je vais mourir ! Assez ! lui répliqua le voyayeur, ton insistance me fatigue. Puisque nous faisons la même route, choisis le côté que tu voudras, et songe que je ne veux plus te voir auprès de moi.

Et il doubla le pas pour l'éviter.

Alors l'homme que la faim étranglait, que la soif dévorait et que la fatigue brisait, s'éloigna en soupirant. Il se traîna jusqu'au bord opposé de la route, et tomba épuisé de fatigue. Il était là, gisant sur le sol que couvrait une neige durcie, quand vint à passer une riche voiture, traînée par quatre vigoureux chevaux, conduite par un domestique à la livrée éclatante.

A travers les glaces transparentes, on distinguait,

mollement étendu sur des coussins soyeux, un seigneur au vêtement doublé d'hermine, qui, d'une main, caressait un beau levrier placé à son côté.

Le valet, voyant le pauvre voyageur étendu sur la route, s'arrêta tout court, et dit en abaissant une des glaces : Maître ! un homme est là, couché sur la neige ; il se meurt. Et son maître répondit sèchement : Que m'importe ! relève cette glace par où le froid me saisit, et pousse tes chevaux.

Et le valet releva la glace, et, fouettant ses chevaux, partit au grand trot.

Et l'homme qui le vit faire ainsi, murmura : Cœur sec et sans pitié ! mieux vaudrait pour moi la condition du chien dont tu me refuses la place !

Et il retomba plus accablé qu'auparavant.

Un enfant passait, qui portait un vase dans lequel il y avait du lait : il entendit les gémissements du voyageur, et il s'approcha de lui et vit qu'il pleurait.

Homme, dit-il, pourquoi pleures-tu ?

Enfant, dit le voyageur, j'ai faim ! et personne ne veut me donner à manger ! J'ai soif, et personne ne veut me donner à boire ! Je suis exténué de fatigue, et personne ne m'offre le secours de son bras !

Attends, dit l'enfant, ma mère est là qui me suit et qui voudra te secourir.

Et la mère était près d'eux.

Mère, dit l'enfant, cet homme a faim et soif ; si je lui donnais ces noix avec lesquelles je joue, ce lait que je porte et que tu prends pour ton plaisir ?

Et la mère répondit à l'enfant : Marche devant

moi, et ne t'occupe pas de ce mendiant. Les noix que je t'ai données, je les ai achetées; le lait que tu portes, je l'ai chèrement payé, et il me suffit à peine.

Et elle le poussa rudement devant elle.

Et l'enfant, rudement poussé, tomba ; le vase dans lequel était le lait fut brisé, et elle se mit dans une grande colère et le battit, parce qu'il avait cassé le vase et répandu le lait qu'il contenait, et qu'elle fut obligée de retourner en arrière pour s'en procurer d'autres.

Pauvre ange ! soupira le voyageur, on te maltraite parce que tu veux être humain !

Et il perdit tout-à-fait connaissance.

Un homme vint encore à passer, et celui-là était grand et fort, et il marchait d'un pas décidé. Il vit le voyageur ne donnant plus aucun signe de vie. Cet homme est mort, pensa-t-il, ou à peu près ; à quoi lui sert son bâton ? J'ai une longue route à faire ; il me sera plus utile qu'à lui. Et il lui prit son bâton et passa outre.

Un autre survint, qui était un voleur de grands chemins, et il vit également le voyageur gisant sur la terre glacée. Oh ! oh ! dit-il, voici un vêtement qui me servirait à merveille pour dérouter les nombreux gendarmes qui sont à ma poursuite. Si je dépouillais ce cadavre ? Et il le dépouilla, se revêtit de ses habits en lambeaux, jeta les siens sur lui en s'éloignant le plus vite qu'il put. Et les gendarmes étant venus crurent reconnaître à ses vêtements le voleur qu'ils cherchaient, s'emparèrent de sa personne et l'emmenèrent péniblement à la ville voisine, où il fut jeté dans un cachot en attendant son jugement.

Et comme il ne put se justifier, les juges le condamnèrent à la place du scélérat qui l'avait dépouillé !...

Le vieillard finit là son récit, se leva, et, suivi de sa famille, s'éloigna en jetant sur moi un regard profond. Je le compris. Il venait d'encadrer dans cette parabole le développement de sa réflexion première sur l'égoïsme. Jamais je n'oubliai cette haute leçon de morale. La voix de ce sage retentit toujours à mon oreille comme le jour où je l'entendis pour la première fois. Je me sentis comme électrisé et m'écriai : Ce vieillard a dit vrai ! Non, l'égoïsme ne reconnaît pas de bornes dans ses dévastations : il corrode tout, façonne à tous les crimes, étouffe le moindre cri de la conscience. Malheur à celui qui ne saurait pas dire au voyageur égaré, à un orphelin trahi par un tuteur avide : Frère ! viens t'abriter sous mon toit, viens t'asseoir à mon foyer, sèche tes larmes ! tiens, frère, bois et mange ! Ne me remercie pas ; je suis si heureux de t'offrir l'asile que tu n'as point, le pain dont tu manques, toi qui as faim, des vêtements pour remplacer les tiens, un lit pour reposer tes membres brisés par la fatigue, à toi que le soleil levant a trouvé tant de fois étendu sur la terre humide ou la pierre dure des montagnes ! ! !...

Malheur à lui, l'égoïste ! il ne connaît pas même la piété. Ses jouissances exclusives sont brutes et grossières comme lui. Il a tué son âme pour matérialiser sa vie ; il est semblable à l'animal immonde qui se vautre dans la fange et s'engraisse à l'auge ! ! !

Quand les détours tortueux du sentier tracé à travers les vignes m'eurent fait perdre de vue cette honnête et noble famille, quand je n'entendis plus les éclats de joie enfantine des deux chérubins qui, un moment auparavant, réjouissaient ma vue, je devins triste. Je voulais courir après eux, je voulais joindre ce bon et vertueux vieillard, et le prier de me permettre de venir encore en ce lieu pour l'entendre davantage. Puis je m'écriai : Heureux enfants ! la vertu a choisi son séjour dans la demeure paisible de vos pères ; vous grandirez en sagesse et en force, loin du souffle empoisonné du vice. Puissiez-vous ne jamais ternir au contact des villes ni votre innocence native, ni les précieux trésors de morale que vous recevez déjà dans vos cœurs ! Gardez ces précieuses semences pour qu'elles portent les fruits qu'elles tiennent cachés dans le parfum de leur essence. Un jour, elles aideront à étouffer cette race impure d'hommes sans cœur ni âme, qui ne sont sensibles qu'à ce qui les touche personnellement. Sous les coups qu'ils leur porteront tomberont, comme sous la faux du moissonneur, ces petits et ces grands cafards, vendeurs d'aumônes à leurs portes, dont l'égoïsme, sous le manteau de Vincent de Paule, sait faire de la misère un moyen de tripler leurs capitaux ; ces disputeurs qui, avec deux lignes de son écriture, se chargent de faire pendre un honnête homme ; ces adroits voleurs dont la langue effrontée professe cette horrible maxime : *La fortune des sots est le patrimoine des gens d'esprit!....* Ces frères, ces amis, qui trompent et dévorent leurs frères et leurs amis ; ces embrouilleurs d'affaires qui vivent de la ruine des clients ; ces délégués, ces mandataires, qui trahissent leurs commettants ; ces vendeurs de places, de droits, d'honneur, de gloire, faiseurs de honteux marchés, dont leur égoïsme ne garantit même pas la sûreté ni la fidélité !

Ah ! Monsieur, laissons la justice parler haut et fort pour flétrir la corruption générale, pour dessiller les yeux aveuglés par le stupide intérêt de *l'amour de soi avant tout autre.* Les gémissements des chacals et des hyènes punis doivent la trouver sourde. Travailler à leur perte doit nous paraître, à nous, un noble et grand acte d'humanité.

FIN DES MÉLANGES.

TABLE DES MATIÈRES

PARIS, IMPRIMERIE DE L. TINTERLIN, RUE NEUVE-DES-BONS-ENFANTS, 3.